영적 전쟁의 전투 교범

영적 전쟁의 전투 교범

신상래 지음

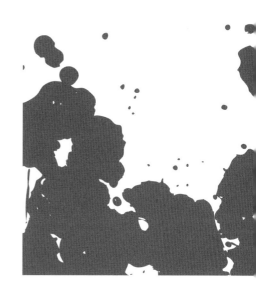

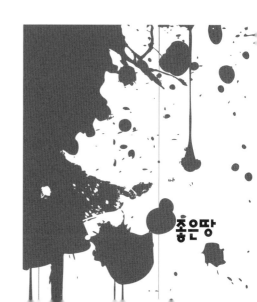

좋은땅

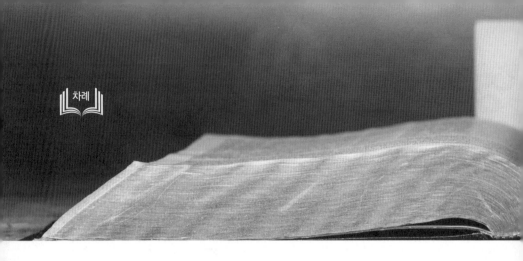

제2부 / 악한 영의 실체

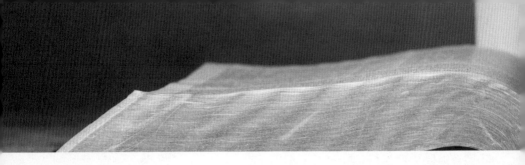

제3부 / 미혹의 영

제4부 / 악한 영과 싸워 이기라

서문

　영적 전쟁이라는 말조차 들어 보지 못한 우리네 교회에서는 수많은 교인들이 귀신들의 포로로 잡혀서 불행에 빠져 고통스러워하다가 지옥 불에 던져지는 상황에 놓여 있다. 그러나 정작 교회지도자들은 무능하고 무기력하며 자기 밥그릇을 챙기느라 아비규환의 현장에 눈을 닫고 귀를 가리고 있다. 필자 역시 그중에 한 명이었다.

　하나님의 놀라운 은혜로 누군가의 전도 없이 제 발로 교회로 찾아갔지만 교회에서 하나님을 만나지 못한 것은 아이러니한 일이었다. 그러나 오랫동안 신앙생활을 하면서도 성경에서 밝히 보여 주신 하나님의 뜻을 알지도 못하며 형식적인 종교 행위를 반복하면서 교회 마당을 밟았다. 그러다 삼십대 초반에 실패한 사업으로 인해 인생이 무지막지하게 떠내려가기 시작했다. 하나님의 도우심을 얻기 위해 신대원에 입학하여 3년을 공부하고 졸업을 했지만 사업 실패로 인한 악성 부채는 전혀 해결되지 않았다. 실망 끝에 다시 세상으로 도로 나가서 악전고투하며 다시 7년을 보냈다. 여전히 교회 문을 넘나들며 하나님께서 언젠가는 반드시 복을 주실 거라는 희망 고문이 반복되던 고통스런 삶의 동력은 어느 날 연줄이 끊긴 연처럼 바람에 날아가 버리고, 적막한 낚시터에서 저주스런 삶을 복기하며 긴 하루해를 떠나보내고 있었다. 어둑해진 강가에서 부슬비를 맞으며 낚싯대를 허망하게 바라보다가 언제까지 지옥의 삶을 반복해야 하는지 지나간 삶의 모습들이 빛바랜 흑백 사진처럼 뇌리에 스쳐 지나갔다. 원인 모를 슬픔과 절망감으로 인해 뜨거운 눈물이 콧물에 섞여 비에 젖은 얼굴에 조용히 흘러내렸다. 한 번만 다시 기회를 달라는 통곡이 적막한 강변에 흩어졌다. 그 다음 날부터 낚시를 접고 침대에 누워서 하나님을 만나고 싶다는 생각을 하다가 성경을 펼치자 하나님을 부르라는 말씀이 눈에 들어왔다. 그게 벌써 20여 년이 지난 과거의 일이다. 낡은 자동차에 저가 화장품을 싣고 재래시장으로, 식당가로 방문 판매를 하면서 10년을 하루같이 하나님을 부르는 기도를 하며 세월을 보내다가, 어느 날 천사의 방문을 받고 나서 3년 동안 성령으로부터 악한 영의 정체와 공격에 대한 훈련을 받았다. 그리고 충주의 한적한 시골로 보내져서 크리스천 영성학교를 시작하게 된 게 벌써 5년 전의 일이다.

아시다시피 필자의 사역은 성령이 내주하는 기도훈련을 하는 것인데 필연적으로 맞닥뜨리게 되는 것이 귀신과의 싸움이다. 필자를 찾아온 사람들에게서 귀신을 쫓아내며 귀신들이 일으킨 정신질환과 고질병이 치유되며 가정이 회복되고 삶의 문제들이 해결되었다. 그러나 귀신들의 집요한 공격에 자포자기하거나 두려움에 떨며 기도를 중도에 그만두고 돌아선 이도 적지 않았다. 그들은 쫓겨났던 귀신들이 다시 와서 예전의 고단하고 팍팍한 삶으로 되돌아가서 지옥 같은 삶을 살고 있음은 말할 나위 없다. 귀신과의 싸움에서 영혼과 삶을 회복한 사람들은 이전의 교회로 돌아가지 않고 영성학교를 공동체로 삼은 이들도 적지 않다.

10여 년 가까이 거의 매일 귀신들과 전쟁을 치르면서 영적 전쟁에 무지하고 영적 능력이 없어 귀신들의 손아귀에 사로잡혀 있는 수많은 사람들이 눈에 밟힌다. 이들이 아는 귀신들은 TV 드라마나 영화, 소설, 옛날이야기가 전부일 것이다. 이런 귀신들은 작가의 상상력에서 나온 산물이거나, 귀신들이 속여 일으킨 사건들이 진짜인 양 와전된 이야기를 바탕으로 굳어진 이야기이다. 그러나 귀신들의 정체를 분별할 수 없는 사람들은 귀신들에게 속아 넘어갈 수밖에 없다. 문제는 악한 영들의 정체와 계략을 밝혀내고 영적 전쟁에서 승리하여 영혼을 구원하여야 하는 교회와 교회지도자들이 영적으로 무지하고 무기력하다는 데 있다. 그 이유는 성령과 깊고 친밀한 교제가 없기에 성령이 주시는 지혜와 능력으로 악한 영과의 영적 전쟁을 주도하지 못하는 데 있다. 그래서 신앙의 연륜이 오래되고 교회의 직분이 드높은 교인들도 하나님을 모르는 세상 사람과 진배없이 건조하고 냉랭한 영혼으로 고단하고 팍팍한 삶을 살아가고 있으니 기가 막힌 일이다. 그래서 필자가 십 년 가까이 영적 전투를 벌이면서 알게 된 영적 세계와 영적 존재 그리고 영적 전쟁에 대한 비밀들을 모든 사람들에게 알게 해서 사탄의 권세에서 신음하고 있는 영혼들을 구하여 하나님의 마음을 시원하게 해 드려야겠다는 생각이 들었다.

하나님을 모르는 세상 사람들이야 그렇다 치고, 하나님이 부르셔서 천국의 백성으로 삼고자 하시는 백성들이 영적 전쟁의 실체에 무지하여 사탄의 권세하에 신음하며 생명과 영혼을 사냥당하고 있는 사실이 하나님의 마음을 얼마나 아프게 하고 있을까? 사실 성경에는 영적 존재와 영적 전쟁에 대한 이야기가 전혀 없는 것은 아니다. 그럼에도 신학자들과 교회지도자들은 성경에 기록된 악한 영들의 정체나 역할을 투명인간 취급을 하고 있는 게 놀랍다. 그들의 신학이론이나 교리는 이성적이고 합리적이며 상식적인 신학의 기반에 기초하여 이루어졌기 때문에 초자연적이고 기이한 악한 영들의 정체나 공격에 대해서는 전혀 알 수 없다는 입장이다. 교단에서 추종하는 신학자들의 주장을 받아들여 교단을 세운 교회지도자들은 후배 목회자들에게 이들의 학문을 배우게 하여 졸업시켜 목사 안수를 주고 있는 실정이다. 우리네 교회의 교단교리는 관념적이고 사변적인 신학 지식을 바탕으로 만들었기에 실제의 삶의 현장에서 아무런 능력이나 변화를 일으키는 능력이 없다. 그래서 우리네 교회는 교인들이 모여 종교의식을 행하면서 자의적으로 해석한 성경 말씀을 하나님의 진리로 들으면서 교회조직을 지탱하기 위한 각종 자원봉사인 희생적인 신앙 행위를 반복하는 종교인들로 전락하고 있다. 교회가 하나님과 악한 영의 역사를 분별하는 능력이 없으니 세간에는 은사주의자들과 신비주의자들의 성령의 이름을 앞세운 각종 괴이쩍은 현상들이 난무하고, 여기에 미혹된 수많은 크리스천들이 사탄의 손아귀에 사로잡히고 있는 실정이다. 순진무구한 교인들은 간교한 귀신의 포로가 되어 정신질환과 고질병에 시달리고 귀신들이 쳐 놓은 각종 덫에 빠져 불행한 사건에 휩싸이고 있다. 또한 돈과 쾌락에 빠지고 각종 중독으로 행복했던 가정이 파괴되며 교권과 교회 재산을 놓고 교회지도자들과 교인들 간에 싸움과 분열로 교회가 무너지고 있다.

필자는 성령의 명령으로 크리스천 영성학교를 통해 악한 영들의 실체를 밝히고 이들의 전략에 맞서 싸워 이길 수 있는 정예 용사를 양육하는 사역을 하고 있다. 그동안 삶의 현장에서 수백 명의 사람에게서 잠복한 귀신들과 싸워 이긴 사실을 바탕으로 증명된 성경의 말씀과 하나님의 지혜를 모태로 삼아 실제의 삶에서 악한 영과 싸워 승리하기 위한 영적 전쟁의 전투 교범을 써내고자 한다.

충주의 한적한 시골에서

제 *1* 부

영적 전쟁에 대하여

영적 전쟁이란 눈으로 보고 귀로 들리는 육체의 오감으로는 알 수 없는 영적 세계에서, 하나님과 천사로 이루어진 하나님의 군대와 사탄과 귀신으로 이루어진 악한 영들이 사람의 영혼을 사이에 두고 피 터지게 싸우는 전쟁을 말한다. 이 전쟁은 소리 없는 전쟁이며 영적인 분별력이 없는 사람들은 알 수 없는 전쟁이다. 그리고 그 피해자는 오로지 사람들이다. 언제, 어디서, 어떤 전쟁이 벌어지는지 모르지만 정작 피해자가 자신이라면 소름이 쫙 끼치며 모골이 송연해질 것이다. 그러나 이는 부인할 수 없는 사실이다. 성경에 그렇게 기록되어 있기 때문이다. 하나님을 모르는 세상 사람들은 이를 인정하지 않으며 성경이 진리라고 철석같이 믿고 있는 크리스천조차도 영적 전쟁에 대해서 깜깜하다. 결론적으로 이 전쟁에 대해서 무지하든 아니면 인정하더라도 자신과 상관이 없다고 여기든 간에 이 전쟁은 자신의 삶과 영혼에 지대한 영향을 미치고 있다는 것이 실제이다.

우리의 씨름은 혈과 육을 상대하는 것이 아니요 통치자들과 권세들과 이 어둠의 세상 주관자들과 하늘에 있는 악의 영들을 상대

함이라 (엡 6:12)

이기는 자는 이것들을 상속으로 받으리라 나는 그의 하나님이 되
고 그는 내 아들이 되리라 (계 21:7)

성경은 우리가 싸워야 할 대상이 바로 세상을 통치하고 다스리는 악한
영이라고 선포하고 있으며 이들과 싸워 이기는 자가 되어야 비로소 하나님
의 백성이자 자녀가 되며 영원한 천국에서 행복하게 살게 될 것이라고 선
언하고 있다. 그러나 우리네 교회는 자의적으로 해석한 성경구절을 앞세워
서 관념적이고 사변적인 성경 지식을 머리에 쌓아 두면서 교인들을 형식적
인 예배의식과 각종 희생적인 신앙 행위를 반복하는 종교인으로 전락시키
고 있다. 그리고는 성경에 기록한 영적 전쟁에 대해서는 마치 맹인이 벽을
더듬으면서 자신이 생각하고 느끼는 것을 하나님의 말씀인 양 포장하여 가
르치거나 아예 옛날이야기를 읽는 것처럼 기이하게 받아들이고 있으니 기
막힌 일이다. 이처럼 우리네 교회지도자들은 영적 능력과 분별력이 없기에
교인들은 악한 영의 공격에 속수무책으로 당해서 영혼이 황폐해지고 삶이
피폐해지고 있으니 안타깝기 그지없다. 이는 미혹의 영이 교회지도자와 교
인들의 머리를 타고 앉아 자신들의 생각을 넣어 그들을 속이는 데 성공했
기 때문이다. 미혹의 영인 귀신들은 학창 시절부터 머릿속에 입력시킨 인
본적인 사고체계를 신학자와 목회자들에게도 그대로 입력시킨다. 또한 이
성적이고 합리적이며 상식적인 설교와 가르침으로 교인들의 눈과 귀를 막
아 버림으로써 영안이 열려서 초현실적 실체인 귀신들의 정체와 공격을 알
아챌 수 있는 성경의 기록을 보는 것조차 하지 못하게 만들었다. 결국 최대

의 피해자는 교회 안에 들어와 있는 양의 무리이다. 이들은 영적 눈이 감기고 귀가 가리어져 미혹의 영이 이끄는 지옥의 길을 따라 가면서 천국의 백성임을 믿어 의심치 않고 있다.

성령께서 말씀하시는 하나님의 군대

하나님의 군대란 히브리어로 마하나임으로 야곱이 외삼촌 라반의 집으로 가는 여정에서 돌베개를 베고 잠을 자는데 꿈속에서 하늘에 사다리가 펼쳐져 있고 하나님의 군대가 오르락내리락하는 광경을 보았다는 사건에서 등장하고 있다. 하나님의 군대란 하나님의 명령에 따라 영적 싸움을 하는 천사들을 일컫고 있다. 그 군대의 우두머리는 천사장 미가엘로 수많은 천사들로 이루어져 있다. 예전에 성령께서 이 군대의 실체를 알려 주신 적이 있다. 그때 들었던 이야기를 밑에 올려 드리겠다.

"너희들이 기도할 때 많은 군사들을 보내 줄 것이다. 그들은 적들의 군사보다 더 많고 강한 군사들이다. 그러므로 적들의 공격에 맞서 싸워라. 이들이 어디서부터 오는지 너희들이 보지는 못하고 알지 못하나 비밀스럽고 용맹스런 군사들이라. 아버지의 명을 받은 자들이므로 오직 이들이 임하는 곳은 자기의 양들을 악한 자의 입에서 건져 내는 선한 목자들이 일하는 일터이다. 천군 천사는 학이 날아서 오르는 것처럼 재빨리 날아서 지극히 크신 아버지의 군사로 일하는 일터마다 자기의 임무를 수행하는 하늘의 군사들로, 오늘도 너희들이 다니는 모든 곳에서 너희들을 보호하고 기도하는 모든 곳에서 너희들과 함께 일하는 용맹스런 하늘의 군사들이다. 나도 지상에서 일할 때 이들의 도움을 받아 아버지의 일을 하고 아버지의 뜻을 이룬 자이다. 이들의 수는 밝힐 수 없지만 무수한 숫자로 입으로 말하고 듣는 자들이 아니라 하늘의 있는 영으로서 위로와 평강의 영으로 너희들이 기도할 때나 일할 때 하루에도 여러 번씩 내렸다 올랐다 하는, 독수리처럼 빨리 나는 수많은 천군 천사로 나를 섬기는 영이니라. 너희들에게 이들의 존재를 알리는 것은 너희도 이들의 존재를 알아야 귀신들이 너희를 공격할 때 힘으로 능으로 하지 않고 오직 여호와의 힘으로 한다는 것을 알리고 싶어서이다. 이 땅에 사는 날 동안 그들은 너희와 항상 있을 것이니라. 두려워 말고, 그들이 너희를 잘 섬기도록 일러 놓았으니 어려움이 있더라도 아버지의 군사들이 위로와 평강으로 너희가 사는 날 동안 있으리라. 훗날 이 땅을 떠날 때 그들이 너희 영혼을 나의 나라에 인도하는 것이란다. 이 신기한 비밀을 알리는 나는 예수 그리스도의 성령이니라. 오직 주 예수 그리스도만 경배하고 나만 섬기라. 기쁨이 있고 평강이 있는 삶을 살다가 내 나라에 오거라."

위 글을 읽은 당신의 느낌을 추측하는 게 어렵지 않다. 어떤 이는 마치 무협 소설을 읽는 듯한 가벼운 기분으로 작가의 상상력을 평가하는 사람도 있을 것이고 어떤 이는 기묘한 느낌과 함께 잠시 둔기에 맞은 듯한 멍한 기분이 드는 사람도 있을 것이다. 물론 필자가 들었다는 영음의 주인공이 성령임을 믿으라고 강요하는 것은 아니다. 그러나 필자가 써 내려가는 영적 전쟁의 내용은 말로 때우는 것이 아니다. 그동안 세간에 이런 주제의 책이 사람들의 호기심을 일으켜서 베스트셀러가 되기도 했지만 대부분 작가의 상상력의 산물일 뿐 삶의 현장에서 증명해 보이지 못했거나 간혹 작가 개인이 직접 체험했다는 것을 강조한 글도 있었지만 본인 이외에 아무도 이를 증명하지 못했다. 그러나 필자가 말하는 내용은 필자만의 개인적인 체험뿐 아니라 10여 년 동안 수백 명의 사람들의 체험을 통해 입증된 결과를 토대로 말하는 것이다. 그러므로 당신이 확인하기를 원한다면 필자의 사역의 현장을 지켜본 사람들의 증언을 듣는 것이 어렵지 않다. 사실 필자는 악한 영과의 영적 전쟁을 치르는 사역을 하기 전에는 귀신이나 마귀 혹은 천사 등의 영적 존재에 대해 보통 사람 이상의 호기심을 갖지 않았다. 오히려 귀신의 존재에 대한 막연한 공포심으로 인해 공포 영화나 공포 소설을 기피하는 지극히 보통 사람에 불과했다. 그런데 영적 존재와 피 터지게 싸우는 것이 일상이 될 줄 누가 상상이나 했겠는가?

떠버리 귀신을 만나다

영적 세계란 눈으로 보고 귀로 들리고 과학적으로 증명되지 않는 세계이며 하나님을 포함해서 천사와 마귀, 귀신들인 영적 존재들로 이루어진다. 그러므로 영적 존재와 그들의 활동을 알리는 이들은 죄다 자신이 개인적으로 체험한 것을 토대로 말하게 된다. 그러나 문제는 이들의 얘기를 듣는 사람들이다. 이들에게 그 말이 진실인지 아닌지 분별하는 지혜가 없다면 혼란만 가중하게 될 것이다. 필자도 처음에 그랬다. 아무도 믿지 않았지만 필자에게 일어난 일들이 놀랍기 그지없었던 것도 사실이다. 그래서 30년도 넘은 과거의 일이지만 맨 처음 귀신과 조우하게 된 기이한 사건에 대해 말하고 싶다.

필자가 결혼한 지 얼마 안 된 젊은 시절의 일이다. 필자의 장모님이 오랜 지병으로 임종이 가까웠다는 소식이 들려왔다. 그래서 부랴부랴 다음 날 날이 밝는 대로 처가가 있는 울산에 갈 비행기를 예약하고 아내와 함께 떠날 채비를 하고 있었다. 당시 필자는 학생이었던 조카들과 같이 살고 있었으며 서울 근처에 사는 친척들도 집에 와 있었다. 어머니의 임종을 앞둔 아내는 마음이 어두워져서 친척 식구들과 모여 기도를 하고 있었다. 그때 친척의 입에서 기이한 목소리가 들려왔다. 친척은 가냘픈 여성 목소리의 소유자였는데 중성의 둔탁한 목소리로 장모님이 절대 죽지 않고 다시 살 것이라고 말하는 것이 아닌가? 그 친척에게 예전에 그런 일이 없었기에 모두 눈이 휘둥그레진 채로 서로 얼굴만 쳐다보고 있는데 그 목소리의 주인공이 자신의 신분을 밝혔다. 자신이 가브리엘 천사라고 말이다. 물론 아무도 이 말을 믿지 못했다. 그러자 그 영적 존재는 필자의 생각을 읽어 자신의 신분을 증명하기 시작했다. '아니 내 생각을 읽다니, 이런 능력은 하나님이 보내신 천사가 아니면 도저히 할 수 없는 능력이 아닌가?' 그래서 필자 부부는 천사라고 주장한 영적 존재의 말을 신뢰하기 시작했다. 곧 그 존재는 조카들에게 기이한 명령을 내리기 시작했다. 그 명령은 천사라고 할 수 없을 정도로 기묘한 동작을 취하고 고통스럽게 하는 일이었다. 처음에는 조카들도 순순히 따라했다. 그러나 시간이 갈수록 기이한 몸의 자세를 요구했고 필자는 이 영적 존재가 과연 천사인가 하는 의심이 들기 시작했다. 그러나 어떻게 정체를 알아낼 수 있으랴? 이미 필자의 생각을 읽는 능력을 보여 주었으므로 필자가 모르는 것을 질문해야겠다는 생각이 들었다. 그래서 내일 아침 울산으로 가는 비행기의 편명을 물어보았다. 그러고 나서 그 존재가 말한 것을 ARS 전화로 확인하였다. 그러자 그 대답이 틀린 것이 아닌가? 다시 한번 확인해도 대답은 실제와 맞지 않았다. 그래서 필자는 너는 천사가 아니라 귀신이라면서 큰 소리로 쫓아냈다. 그랬더니 그 친척에게서 귀신이 떠나가고 원래의 목소리로 돌아왔다.

도대체 어찌된 일이냐고 물었더니 그 친척은 그 말은 자신이 한 말이 아니라 자신의 성대를 장악해서 귀신이 한 말이었다고 하는 것이 아닌가. 이 사건은 당시 당혹스런 해프닝으로 그쳤지만 오랫동안 뇌리에 남아 있었다. 그러나 그 후로 이와 유사한 사건은 일어나지 않았으며 그렇게 스멀스멀 기억에서 사라져 갔다. 적지 않은 세월이 흐른 뒤에 귀신의 정체와 공격에 대해 알고 나니 그때 이놈에게 농락당했다는 게 멋쩍기만 하다. 필자가 수많은 귀신을 쫓아내면서 귀신이 잠복해 있는 사람의 성대를 이용해서 말하는 것을 많이 들어 보았지만 처음부터 자신의 정체를 드러내 놓고 말하는 귀신은 두셋에 불과했다. 자신의 신분을 드러내는 것은 간이 밖으로 나온 귀신이 아니면 못하는 어리석고 위험천만한 행동이기 때문이다. 그래서 필자는 자신의 능력을 과장하고 싶어서 떠들어 대는 귀신을 떠버리 귀신이라고 별명을 붙였다.

그렇게 세월이 흘러 필자 부부가 3년 동안, 매일 성령으로부터 영음을 통해 영적 세계는 물론 귀신의 정체를 알아내고 그들의 공격성과 계략을 배우며 싸워 이기는 훈련을 받고 나서, 지금은 귀신과 싸워 이기는 일당백의 정예 용사를 배출하는 사역을 하고 있으니 돌이켜 생각해 보면 감개무량한 일이다. 대부분의 사람들이 누군가의 개인적인 체험을 보편적인 사실이라고 여기기는 어려울 것이다. 성경에 기록된 악한 영의 정체와 공격에 대해 대부분의 크리스천들이 무지한 이유도 여기에 있다. 그렇다면 성경의 위인들은 악한 영들의 정체를 어떻게 알았을까? 이 문제를 해결해 주는 단서는 귀신이 공격하는 목적과 의도를 알아채야 비로소 깨닫게 될 것이다.

성경이 말하는 귀신의 정체

> 너 아침의 아들 계명성이여 어찌 그리 하늘에서 떨어졌으며 너 열국을 엎은 자여 어찌 그리 땅에 찍혔는고 (사 14:12)

시험하는 자 (마 16:23)

악한 자 (마 13:19, 38; 요일 2:13, 5:19; 막 8:33)

참소하는 자 (계 12:12)

대적자 (벧전 5:8)

온 천하를 꾀는 자 (계 12:9)

거짓의 아비 (요 8:44)

이 세상의 신 (고후 4:4)

살인한 자 (요 8:44)

옛뱀 (계 12:9)

이 세상의 임금 (요 12:31; 14:30)

공중의 권세를 잡은 자 (엡 2:2)

악한 영들의 정체를 아는 분별의 토대는 단연코 성경 말씀이다. 성경은 영적 세계와 영적 존재에 대한 단서를 제공해 주고 있다. 물론 성경은 악한 영에 대한 모든 정보를 제공해 주지는 않는다. 그 이유는 하나님께서는 영적 세계의 정보를 자신의 백성에게만 알려 주고 싶어 하시기 때문이다. 이는 믿음의 비밀 속에 감추어져 있으며 하나님의 종에게 이 비밀을 조금씩 알려 주어 구원 사역을 이루는 동력으로 사용케 하신다. 그러므로 비밀의 진위는 그 내용이 성경과 일치해야 하며 비밀을 말하는 자들은 성경에서 말하는 성령의 능력이 드러나는 것으로 증명해 보여야 한다.

그렇다면 위의 성경에서 말하는 악한 영의 이름에서 정체를 알아내는 단서를 찾아보자. 먼저 악한 영은 시험하는 자라고 콕 집어서 말하고 있다. 시험이라는 말은 헬라어로 '페이라조(πειράζω)'라는 단어인데 '악한 영이 죄의 덫을 놓고 걸려들게 만드는 유혹'이라는 의미이며 상대적으로 하나님께서 우리의 믿음의 유무를 측정하시는 테스트라는 의미를 동시에 가지고 있다. 그러므로 죄를 짓는 자는 시험하는 영의 덫에 걸려 넘어졌다고 보면 된다. 악한 영의 또 다른 이름, '죄를 참소하는 자'라는 뜻과 일치하며 온 천하를 꾀는 (유혹하는) 자라고 거듭 말하고 있다. 그래서 모든 사람의 영혼을 구원하기 원하는 하나님의 원수가 되어 하나님을 대적하고 있다. 또한 거짓말을 지어내 속이는 거짓의 아비라고 소개하고 있다. 성경에는 속인다는 뜻으로 한자어인 미혹이라는 단어를 주로 사용하고 있으며, 미혹의 영이 바로 귀신이라고 말하고 있음을 유의해야 한다. 그러나 가장 중요한 단서는 바로 세상의 신, 세상의 임금, 공중 권세를 잡은 자라는 이름을 주목해야 한다. 공중이란 헬라어로 '아에로스(ἀήρ)'로서 '세상'이란 의미를 가지고 있다. '임금'이란 단어의 헬라어도 '아르콘(ἀρχός)'이란 통치자를 번역한 것이다. 즉, 악한 영은 놀라운 권세와 능력을 가지고 세상을 통치하는 지배자로서 묘사하고 있음을 주목해야 한다. 그러므로 악한 영의 포로로 잡혀 있는 사람은 죄를 지은 죄인으로서 하나님으로부터 분리된 채 악한 영의 포로가 되어서 육체의 탐욕과 방탕을 추구하며 갖가지 불행한 삶으로 인해 고통을 당하며 생명과 영혼을 사냥당하고 있는 사람들이다. 그러므로 하나님의 통치로부터 분리된 모든 사람들은 전부 악한 영의 포로가 되어 장차 지옥 불에 던져질 운명인 셈이다.

우리네 교인들은 자신들은 예수를 믿음으로 예수 그리스도의 보혈의 공로로 말미암아 죄의 용서를 받아서 더 이상 죄인이 아니라고 철석같이 믿고 있다. 그러나 악한 영들은 속이는 데 천재인 거짓의 아비이며 미혹의 영이라는 점을 잊어서는 안 된다. 그러므로 성경을 자의적으로 해석한 교리를 따르며 자기 확신을 성경적인 믿음이라고 믿는 이들이 허다하다. 자신이 죄를 밥 먹듯이 짓고 있으면서 회개할 생각도 없으며 죄와 피 터지게 싸우지 않는다면 이미 미혹의 영에게 속아 넘어간 죄인인 셈이다. 하나님을 믿지 않는 세상 사람들과 진배없이 각종 불행한 사건의 주인공이 되어 고단하고 팍팍하게 살아가는 게 그 이유이다. 그러므로 귀신의 정체를 알아채려면 성경에서 말하는 죄의 잣대를 날카롭게 분별하여야 할 것이다.

세상을 다스리시는 하나님의 통치 방식

하나님이 만세 전에 불러 주셔서 하나님의 자녀가 되었다고 믿는 크리스천들은 자신들이 악한 영의 포로가 될 수 없다고 철석같이 믿고 있을 것이다. 그러나 이는 자의적인 자기 확신으로 증명하는 것이 아니라 성경에 기록된 하나님의 잣대로 분별해야 한다. 성경에는 하나님의 백성들이라도 얼마든지 악한 영의 공격을 받아 불행한 영혼이 될 수 있을 것이라고 선포하고 있기 때문이다. 시험이라는 단어는 죄의 유혹이라는 뜻을 포함하고 있으며 하나님의 관점에서는 죄의 유혹과 싸워 이기는 테스트로 믿음의 유무를 인정하고 있다. 그러므로 아무리 교회에 나와서 영접기도를 하고 주일 성수를 하고 있더라도 죄를 밥 먹듯이 짓고 있으면서 회개할 생각도 하지 않는다면 여전히 죄인이 되어 악한 영의 포로의 신분인 셈이다. 그러나 중요한 것은 성경 말씀을 나름대로 해석하여 주장하는 데 그치지 않고 죄인이 어떤 불행한 삶을 살게 되는지 성경에서 선포하는 내용으로 점검해야 할 것이다.

네가 만일 네 하나님 여호와의 말씀을 순종하지 아니하여 내가 오늘 네게 명령하는 그의 모든 명령과 규례를 지켜 행하지 아니하면 이 모든 저주가 네게 임하며 네게 이를 것이니 네가 성읍에서도 저주를 받으며 들에서도 저주를 받을 것이요 또 네 광주리와 떡 반죽 그릇이 저주를 받을 것이요 네 몸의 소생과 네 토지의 소산과 네 소와 양의 새끼가 저주를 받을 것이며 네가 들어와도 저주를 받고 나가도 저주를 받으리라 네가 악을 행하여 그를 잊으므로 네 손으로 하는 모든 일에 여호와께서 저주와 혼란과 책망을 내리사 망하며 속히 파멸하게 하실 것이며 여호와께서 네 몸에 염병이 들게 하사 네가 들어가 차지할 땅에서 마침내 너를 멸하실 것이며 여호와께서 폐병과 열병과 염증과 학질과 한재와 풍재와 썩는 재앙으로 너를 치시리니 이 재앙들이 너를 따라서 너를 진멸하게 할 것이라… 여호와께서 네 적군 앞에서 너를 패하게 하시리니 네가 그들을 치러 한 길로 나가서 그들 앞에서 일곱 길로 도망할 것이며 네가 또 땅의 모든 나라 중에 흩어지고… 여호와께서 애굽의 종기와 치질과 괴혈병과 피부병으로 너를 치시리니 네가 치유 받지 못할 것이며 여호와께서 또 너를 미치는 것과 눈 머는 것과 정신병으로 치시리니 맹인이 어두운 데에서 더듬는 것과 같이 네가 백주에도 더듬고 네 길이 형통하지 못하여 항상 압제와 노략을 당할 뿐이리니 너를 구원할 자가 없을 것이며 네가 여자와 약혼하였으나 다른 사람이 그 여자와 같이 동침할 것이요 집을 건축하였으나 거기에 거주하지 못할 것이요 포도원을 심었으나 네가 그 열매를 따지 못할 것이며… 네 토지 소산과 네 수고로 얻은 것을 네가 알지 못하는 민족이 먹겠고 너는 항상 압제와 학대를 받을 뿐이리니 이러므로 네 눈에 보이는 일로 말미암아 네가 미치리라 여호와께서 네 무릎과 다리를 쳐서 고치지 못할 심한 종기를 생기게 하여 발바닥에서부터 정수리까지 이르게 하시리라… 네가 많은 종자를 들에 뿌릴지라도 메뚜기가 먹으므로 거둘 것이 적을 것이며 네가 포도원을 심고 가꿀지라도 벌레가 먹으므로 포도를 따지 못하고 포도주를 마시지 못할 것이며 네 모든 경내에 감람나무가 있을지라도 그 열매가 떨어지므로 그 기름을 네 몸에 바르지 못할 것이며… 그는 네게 꾸어줄지라도 너는 그에게 꾸어 주지 못하리니 그는 머리가 되고 너는 꼬리가 될 것이라… 이 모든 저주가 너와 네 자손에게 영원히 있어서 표징과 훈계가 되리라… 그 여러 민족 중에서 네가 평안함을 얻지 못하며 네 발바닥이 쉴 곳도 얻지 못하고 여호와께서 거기에서 네 마음을 떨게 하고 눈을 쇠하게 하고 정신을 산란하게 하시리니 네 생명이 위험에 처하고 주야로 두려워하며 네 생명을 확신할 수 없을 것이라 네 마음의 두려움과 눈이 보는 것으로 말미암아 아침에는 이르기를 아하 저녁이 되었으면 좋겠다 할 것이요 저녁에는 이르기를 아하 아침이 되었으면 좋겠다 하리라 (신 28:15~68)

위의 구절은 신명기의 유명한 축복의 말씀에 이어 나오는 하나님의 저주의 경고이다. 하나님의 말씀에 순종하지 않고 그 뜻을 지켜 행하지 않으면 저주가 내릴 것이라고 선포하고 있다. 하나님의 뜻과 예수님의 명령에 순종하지 않는 것이 바로 죄이다. 그러므로 죄인들은 위에서 줄줄이 나열한 하나님의 저주를 받게 될 것이라는 의미이다. 저주의 내용을 요약하면 ① 온갖 정신질환과 고질병에 시달릴 것이며 ② 다른 나라와 전쟁을 하면 패망하여 나라를 잃고 포로가 될 것이며 ③ 하는 일마다 형통하지 못하고 실패뿐이며 고된 노동에도 열매를 얻지 못할 것이며 ④ 마음의 평안과 쉼을 얻지 못하고 생명이 위험에 처해 있으며 정신과 육체가 쇠약해져서 두려움과 불안으로 인해 죽기를 바라게 될 것이라는 내용이 주를 이루고 있다.

당신이 이런 불행한 삶이 악한 영의 소행임을 인정하고 있든지 아니든지에 상관없이 위 내용의 불행과 저주가 자신의 삶과 영혼에 있는지 살펴보면 자신의 신분이 하나님의 백성인지 악한 영의 포로인지 알 수 있을 것이다. 그러면 과연 하나님이 불행과 저주를 내리시는 통로로 악한 영을 도구로 사용하시는지 살펴보자.

> 하나님께서 부리시는 악령이 사울에게 이를 때에 다윗이 수금을 들고 와서 손으로 탄즉 사울이 상쾌하여 낫고 악령이 그에게서 떠나더라 (삼상 16:23)

하루는 욥의 자녀들이 그 맏아들의 집에서 음식을 먹으며 포도주를 마실 때에 사환이 욥에게 와서 아뢰되 소는 밭을 갈고 나귀는 그 곁에서 풀을 먹는데 스바 사람이 갑자기 이르러 그것들을 빼앗고 칼로 종들을 죽였나이다 나만 홀로 피하였으므로 주인께 아뢰러 왔나이다 그가 아직 말하는 동안에 또 한 사람이 와서 아뢰되 하나님의 불이 하늘에서 떨어져서 양과 종들을 살라 버렸나이다 나만 홀로 피하였으므로 주인께 아뢰러 왔나이다 그가 아직 말하는 동안에 또 한 사람이 와서 아뢰되 갈대아 사람이 세 무리를 지어 갑자기 낙타에게 달려들어 그것을 빼앗으며 칼로 종들을 죽였나이다 나만 홀로 피하였으므로 주인께 아뢰러 왔나이다 그가 아직 말하는 동안에 또 한 사람이 와서 아뢰되 주인의 자녀들이 그들의 맏아들의 집에서 음식을 먹으며 포도주를 마시는데 거친 들에서 큰 바람이 와서 집 네 모퉁이를 치매 그 청년들 위에 무너지므로 그들이 죽었나이다 나만 홀로 피하였으므로 주인께 아뢰러 왔나이다 한지라… 사탄이 이에 여호와 앞에서 물러가서 욥을 쳐서 그의 발바닥에서 정수리까지 종기가 나게 한지라 (욥 1:13~19, 2:7)

욥기의 시작은 사탄이 어떻게 사람의 재산과 자녀와 고질병을 나게 하여 불행에 빠뜨리게 하는지 콕 집어서 말해 주고 있다. 겸손함과 경건함으로 하나님의 마음을 사로잡은 사울은 이스라엘 초대 왕이 되었지만 그가 교만해져서 하나님의 명령에 순종하지 않자 하나님은 악한 영을 보내서 그가 정신분열과 강박증 등의 정신질환을 앓게 하셨다. 그럼에도 사울이 회개하고 돌이키지 않자 그는 버림을 받아 세 아들과 함께 길보아산에서 끔찍한 죽음으로 불행한 삶을 마감하였다. 신명기의 저주가 실제로 하나님께서 의롭다고 인정한 욥과 한때 하나님의 총애를 받았던 사울에게 일어나고 있다. 그렇다면 예수를 믿고 교회 마당을 밟고 있는 크리스천일지라도 죄를 짓고 회개하지 않으면 얼마든지 이 저주가 임할 수 있다는 뜻이 아닌가? 그러므로 자신의 영혼과 삶을 돌아보아 자신이 하나님의 축복의 대상인지 저주의 대상인지 날카롭게 살펴보아야 할 것이다. 하나님은 성경에서 말씀하신 축복과 저주의 잣대로 자신의 백성과 악한 영의 포로를 구분하고 있기 때문이다. 그러나 안타깝게도 우리네 교회에서는 이런 잣대가 아니라 성경을 자의적으로 해석한 교단신학자들의 주장을 배워 자기 확신의 믿음으로 천국의 자격을 정하고 있으니 기가 막힌 일이다.

악한 영은 누구를 공격하는가?

성경은 악한 영이 세상의 왕이자 통치자라고 말하고 있다. 그러나 크리스천들은 하나님께서 세상을 다스리시며 역사를 주관하신다고 하지 않는가? 그렇다면 세상의 통치자는 악한 영과 하나님이 공동으로 통치하신다는 뜻인지 고개를 갸웃거리게 한다. 성경을 읽어 보면 악한 영들도 하나님의 부하처럼 등장하고 있다. 욥기를 보면, 하나님이 천군 천사와 어전회의를 하고 있는데 사탄이 끼어들어 제안을 하며 하나님의 명령을 실행하고 있다. 또 열왕기상 22장에 보면 하나님이 주관하시는 어전회의에서 "누가 이스라엘의 악한 왕이었던 아합을 꾀어 길르앗 라못에 가서 죽게 하겠느냐?"라고 물으시니까 거짓의 영인 미혹의 영이 나와서 자신이 하겠다고 제안하고 있다. 그렇다면 악한 영도 하나님의 부하란 말인가? 아니다. 악한 영들은 이미 하나님으로부터 멸망을 선포 받아 쫓겨나서 지옥의 불에 던져질 운명이다. 그들은 인간의 죄를 하나님께 참소하여 같이 지옥에 갈 동반자를 모으고 있다. 말하자면 귀신들은 하나님으로부터 분리된 죄인들을 포로로 삼아 지배하고 있는 셈이다.

그렇다면 하나님은 누구를 통치하시는가? 하나님은 죄를 용서 받아 의인으로 인정받은 하나님의 백성들을 다스리신다. 세상은 이미 죄로 인해 오염되었기에 성경은 모든 사람들이 죄다 죄인이라고 선포하고 있다. 그러함에도 영접기도 행위를 하고 교회 마당을 밟고 있는 교인들은 예수 그리스도의 보혈의 공로를 믿음으로 말미암아 자신들의 죄가 용서 받아 의인이 되었기에 천국에 들어가는 하나님의 백성이 되었다고 철석같이 믿고 있다.

그러나 회개 기도를 하고 여전히 죄를 밥 먹듯이 지으면서도 계속 회개하지 않으며 죄와 피 흘리기까지 싸우지 않는다면 그는 죄의 종이 되어 귀신의 지배를 받게 된다. 허다한 크리스천들이 교회 마당을 밟으면서 자신들은 천국에 간다고 믿고 있지만 성경에서 말하는 죄에 무지한 채 죄를 쌓아 두고 있는 죄인으로 살고 있으니 기가 막힌 일이다.

> 전에는 우리도 다 그 가운데서 우리 육체의 욕심을 따라 지내며 육체와 마음의 원하는 것을 하여 다른 이들과 같이 본질상 진노의 자녀이었더니 (엡 2:23)

> 육신을 따르는 자는 육신의 일을, 영을 따르는 자는 영의 일을 생각하나니 육신의 생각은 사망이요 영의 생각은 생명과 평안이니라 육신의 생각은 하나님과 원수가 되나니 이는 하나님의 법에 굴복하지 아니할 뿐 아니라 할 수도 없음이라 (롬 8:5~7)

성경은 육신의 생각과 마음이 원하는 대로 사는 이들은 전부 죄의 종이라고 선포하고 있으며 하나님의 원수인 귀신의 앞잡이라고 말하고 있다. 그러나 세상에서 잘되고 성공하여 부자가 되며 삶의 문제를 해결 받기 위하여 주일성수를 하고 십일조를 하는 등의 희생적인 신앙 행위를 하는 이들이 교회에는 넘쳐 난다. 필자의 주장이 의심스러우면 이들이 내뱉는 기도 소리를 들어 보라. 하나님의 뜻을 구하는 이들은 거의 없다. 전부 다 자신의 유익과 문제 해결만을 주구장창 외치고 있다. 그러니 이들이 육신의 생각과 마음이 원하는 대로 사는 죄의 종이 아니고 누구겠는가? 그렇다면 죄로 인해 일어나는 성경의 증거를 살펴보자.

예수께서 배에 오르사 건너가 본 동네에 이르시니 침상에 누운 중풍병자를 사람들이 데리고 오거늘 예수께서 그들의 믿음을 보시고 중풍병자에게 이르시되 작은 자야 안심하라 네 죄 사함을 받았느니라 어떤 서기관들이 속으로 이르되 이 사람이 신성을 모독하도다 예수께서 그 생각을 아시고 이르시되 너희가 어찌하여 마음에 악한 생각을 하느냐 네 죄 사함을 받았느니라 하는 말과 일어나 걸어가라 하는 말 중에 어느 것이 쉽겠느냐 (마 9:1~5)

위의 사건은 죄와 고질병과의 관계를 잘 말해 주고 있다. 지붕을 뚫고 내린 중풍병자의 이야기는 여러분도 잘 아시는 내용이다. 중풍병은 성인병의 일종으로 늙어서 면역체계가 무너지면 생기는 고질병이다. 혈압이 높아져 견디다 못해 약한 뇌혈관이 터져 혈전으로 인해 뇌세포가 괴사되어 생기는 병으로, 괴사된 뇌 부위에 따라 언어 능력이 떨어지며 기억을 하지 못하거나, 운동 기관이나 감각 기관의 기능이 정지되며 실명을 하거나 반신불수가 된다. 중풍병은 목회자나 교인들에게도 흔한 질환이다. 그러나 교회에서는 중풍병자 교인들의 죄가 용서 받지 못했다고 말하지 않는다. 또 다른 성인병인 암이나 당뇨, 고혈압, 심장질환 등도 마찬가지로 죄로 인해 발생했다면 성인병에 걸린 교인들이 죄다 지옥에 갈 것이라고 가르쳐야 할 것이다. 그런데도 위의 사건은 성경에만 있는 이야기로 우리네 교인과는 아무런 상관이 없는 것처럼 생각하고 있으니 기가 막히다.

그 후에 예수께서 성전에서 그 사람을 만나 이르시되 보라 네가 나았으니 더 심한 것이 생기지 않게 다시는 죄를 범하지 말라 하시니 (요 5:14)

위의 구절도 베데스다 연못가에서 천사가 물을 진동시킬 때를 기다리던 38년 된 고질병 환자의 이야기이다. 이 환자가 38년 동안 앓았다면 평생 이 병으로 고통을 받았을 것이다. 그러나 예수님은 죄를 지으면 38년 된 고질병보다 더 심각한 질병에 걸릴 것을 말씀하고 있으니 기이한 일이다. 우리네 교회 안에도 정신질환과 고질병을 앓는 환자들이 차고 넘친다. 그러나 아무도 이들의 고질병이 죄가 원인이 되어 생겼다고는 생각하지 않는다. 그렇다면 위의 성경 말씀은 우리와 아무런 상관이 없는 사건이라는 말인가? 그렇다면 굳이 성경에 기록할 리가 없을 것이다. 이 사건이 지금도 동일하게 적용된다고 주장한다면 죄를 짓게 하는 귀신들을 쫓아내면 정신질환과 고질병을 치유하는 것으로 증명하면서 주장하여야 할 것이다. 그래서 필자는 10여 년 동안 수백 명의 귀신이 잠복한 사람들에게서 귀신을 쫓아내고 정신질환과 고질병을 치유하면서, 위의 성경 말씀이 지금도 동일하게 적용된다는 사실을 증명해 보이고 있다. 귀신들은 죄의 덫을 놓고 사람들로 하여금 죄를 짓게 하여 죄인으로 만들어 몸에 잠복하여 정신과 육체를 파괴하고 가정과 교회, 회사와 나라를 싸우게 하여 분열시키고 있다. 그러나 우리네 교인들은 정신질환과 성인병과 각종 고질병에 시달리면서도 자신은 죄가 없다며 귀신들과 아무런 상관이 없다고 믿고 있으니 섬뜩한 일이다. 성경의 근거를 찾아 더 구체적인 사례를 찾아보겠다.

귀신과 고질병의 상관관계

> 저물매 사람들이 귀신 들린 자를 많이 데리고 예수께 오거늘 예
> 수께서 말씀으로 귀신들을 쫓아내시고 병든 자들을 다 고치시니
> (마 8:17)

> 심지어 사람들이 바울의 몸에서 손수건이나 앞치마를 가져다가 병
> 든 사람에게 얹으면 그 병이 떠나고 악귀도 나가더라 (행 19:12)

위의 두 구절은 귀신과 질병과의 상관관계를 콕 집어서 말해 주는 대목
이다. 먼저 예수님이 하신 사역이 바로 귀신을 쫓아내고 귀신들이 일으킨
질병을 치유해 준 일이다. 그러나 우리네 교회에서는 귀신이 질병을 일으
켰다는 것을 인정하지 않는다. 그렇다면 고질병에 걸린 교인들 안에 귀신
이 잠복해 있다는 것을 인정해야 하기 때문이다. 우리네 교회에서는 영접
기도를 하고 주일성수를 하면 구원이 확정된 것처럼 가르치고 있는데 귀
신이 안에 잠복해 있다는 것을 어떻게 인정할 수 있으랴? 그러나 위 구절
을 보라. 예수님께서 귀신 들린 자들을 데리고 왔는데 귀신들만 쫓아 주신
게 아니라 질병도 치유하셨다고 밝히고 있다. 밑의 구절에는 반대로 바울
의 손수건이나 앞치마만 얹으면 질병이 치유되고 질병을 일으킨 악귀도 쫓
겨난다고 말하고 있다. 그러나 귀신을 쫓아내고 고질병을 치유하는 성령의
사역은 초대교회에 한정된 역사이며 성경이 완성된 이 시대에는 그런 성령
의 능력 따위는 필요 없다고 가르치면서 자신들의 무능하고 무기력한 영적

능력을 감추기에 급급하다.

물론 필자가 모든 질병이 죄다 귀신의 역사라고 주장하는 것은 아니다. 건강 관리를 소홀히 하거나 면역 체계가 부실한 사람들은 귀신들의 직접적인 공격과 잠복과 상관없이 질병에 걸릴 수도 있을 것이다. 그러나 정신질환이나 치유가 잘되지 않는 고질병은 귀신들의 소행일 확률이 무척이나 높다. 그러나 고질병의 원인이 귀신의 소행이라는 주장은 귀신을 쫓아내는 기도로서 증명해야 하며 필자는 그동안 수백 명의 사람에게서 귀신을 쫓아내고 수많은 정신질환과 고질병을 치유하면서 필자의 주장을 증명하고 있다. 또한 성경에는 장애는 물론 정신질환과 고질병의 원인이 귀신의 소행이라고 밝히고 있는 대목도 적지 않다. 사울왕의 정신분열증과 강박증 그리고 거라사 광인의 정신분열증이 귀신의 소행이라고 말하고 있고 예수님께 데려온 아이의 간질의 원인이 귀신이었으며 예수님은 이들을 가리켜 귀먹고 눈멀게 하는 귀신이라고 부르고 있다. 간질을 일으킨 귀신이 시력과 청력을 잃게 하여 불구를 만드는 귀신과 동일하다고 밝히고 있다. 또한 18년 동안 허리가 구부러진 채 성전에서 기도하는 여인의 허리질환도 예수님은 이 역시 귀신의 소행이라고 밝히고 있다. 그러나 축출기도로써 귀신을 쫓아내는 사역에 무지한 우리네 교회는 성경의 진실을 외면하며 관념적이고 사변적인 성경 지식을 머리에 쌓아 두고 형식적인 예배의식과 희생적인 신앙 행위를 반복하는 무능하고 무기력한 종교인으로 전락시키고 있으니 안타까운 일이다.

제2부

악한 영의 실체

세간에 알려진 귀신 이야기는 진짜인가?

당신이 알고 있는 귀신 이야기의 출처는 어디인가? 아마 영화나 소설, TV 드라마, 친척이나 지인에게 실감나게 들은 이야기 혹은 각종 언론에 퇴마사나 무당 또는 귀신을 경험한 사람들이 나와서 하는 얘기 등일 것이다. 영화나 소설, TV 드라마는 작가의 상상력을 최대한 동원해서 만든 허구적인 이야기이다. 귀신을 직접 체험했다는 이야기 역시 그 진위를 알 수 없다. 퇴마사나 무당 등이 밝히는 얘기는 나름대로 이 분야에서 권위가 있으며 그들은 늘 귀신과 접촉하고 사는 신분이므로 그들의 말에 귀가 솔깃해지는 것도 사실이다. 특히 점치는 무당 등은 내방객들의 문제나 사정을 훤하게 알고 있으므로 그들의 말을 신뢰하지 않을 수 없다. 그래서 그들이 말하는 귀신 이야기는 더더욱 믿게 된다. 그렇다면 그들의 이야기는 진짜일까? 대부분의 사람들은 귀신을 전혀 체험하지 못했을 것이다. 설령 귀신으로 추정되는 존재로부터 기이한 체험을 한 사람일지라도 자신이 겪은 신비한 체험이 과연 귀신의 경험인지 알 수 없는 노릇이다. 왜냐하면 귀신은 이성적이고 합리적이며 과학적으로 증명되지 않는 존재이기 때문이다.

말하자면 귀신의 정체와 공격에 대한 분별력이 없는 사람은 어떤 신비한 경험을 했다고 할지라도 깜깜할 수밖에 없다. 실제로 퇴마사나 무당이 말하는 신은 귀신일 확률이 높다. 그러나 귀신의 별명은 거짓의 아비이며 '속인다.'라는 뜻인 미혹의 영으로 불리고 있다는 사실을 잊지 마시라. 필자는 성령으로부터 3년 동안 귀신의 정체와 귀신을 쫓는 훈련을 받았으며 훈련을 마친 후에 성령께서 충주의 한적한 시골에 영성학교를 열어 주시고 천명이 넘는 사람들이 찾아왔으며 수백 명의 귀신이 잠복한 사람들에게서 귀신을 쫓아내 그들의 정신질환과 고질병을 고치면서 수많은 경험을 통해 악한 영의 실체를 알게 되었다. 말하자면 하나님의 영과 귀신의 영을 경험한 셈이다. 이 모든 경험들이 이 글을 쓰는 원천이 되기도 하였다. 확실한 사실은 세간에 알려진 귀신 이야기는 대부분 거짓이거나 가짜라는 것이다. 진짜 귀신이 안에 잠복해 있는 무당들의 이야기는 어느 정도 신빙성이 있는 부분도 있겠지만 그들 역시 자신 안에 잠복해 있는 귀신들이 자신을 속이는 사실에 무지하므로 그들의 말 역시 믿을 것이 못 된다.

그렇다면 목사나 기도원 원장 등 교회 직분이 있는 사람 중에서 귀신을 쫓는다는 유튜브 동영상을 찍어 인기가 높거나 이 분야에 책을 써서 베스트셀러가 된 목회자들의 이야기는 믿을 수 있는가? 결론부터 말하자면, 이들의 말이 성경적이어야 하고 그들의 사역에 성령의 능력과 열매가 있어야 한다. 아니라면 단지 증명되지 않은 그들의 주장에 불과할 것이다. 지금은 많이 사그라졌지만 예전부터 적지 않은 목회자나 기도원 원장들이 귀신을 쫓는 사역을 해 왔다. 그들은 귀신을 쫓아낼 때 귀신 들린 사람들이 소리를 지르고 몸을 뻗대는 것으로 귀신이 나갔다고 여겼다. 그러나 그들이 집에 돌아가면 예전 모습으로 되돌아가고 다시 그들을 찾아가면 나간 귀신이 다시 돌아왔다고 재차 축출기도를 시도하지만 이 역시 그때뿐이었다. 귀신이 사람의 몸에서 나갈 때 그 사람들이 소리를 지르거나 몸을 뻗대고 기이한 동작이나 말을 하는 일은 일반적인 현상이다. 그러나 귀신들의 수효는 엄청나게 많으며 소리를 지르거나 몸을 뻗대는 귀신들은 고급영인 마귀가 아니라 부하격인 하급영이거나 중급영에 불과하다. 고급영인 마귀는 뒤에 남아서 이 광경을 지켜보고 있다. 말하자면 소리를 지르거나 몸을 뻗대기만 하면 나간다고 주장하는 사람들은 귀신에 대해 일부분만 알거나 귀신에게 속아서 착각하고 있는 것에 불과하다. 또한 유튜브 채널에서 귀신 이야기를 하는 동영상을 올리거나 영적 전쟁이나 대적기도 등의 책을 써서 베스트셀러가 된 목회자도 있다. 그러나 그들이 실제로 귀신을 쫓아내고 귀신들이 일으킨 정신질환이나 고질병을 고치면서 영혼을 구원하는 사역을 하고 있는지 검증해 보라. 그것이 아니라면 귀신에게 속아서 하는 말이거나 작가의 상상력을 동원해서 맛깔스럽게 포장한 이야기에 불과하다. 그러나 대부분의 사람들은 이를 분별하는 영적 능력이 없기 때문에 진짜처럼 말하는 말쟁이들의 이야기를 솔깃해서 듣고 있다.

악한 영들의 조직과 수효

> 이는 예수께서 이미 그에게 이르시기를 더러운 귀신아 그 사람에게서 나오라 하셨음이라 이에 물으시되 네 이름이 무엇이냐 이르되 내 이름은 군대니 우리가 많음이니이다 하고 (막 5:8, 9)

악한 영의 조직과 수효에 대한 이야기는 성경에 거의 없다. 그러나 그들의 수효가 엄청나게 많다는 것을 알 수 있는 성경의 대목이 있다. 예수님이 유일하게 귀신과 대화한 구절이다. 그러나 이 대화는 두 가지의 의문점을 안고 있다.

먼저 전지전능한 하나님이 귀신에게 정보를 얻기 위해 질문을 했을 리가 없으며 이름을 물어보았는데 그들의 많은 숫자를 과시했다는 것이다. 귀신에게 이름 따위가 있을까? 그런데 왜 예수님은 이름을 물어보았을까? 그 이유는 귀신들이 자신을 우월시하는 경향을 알아채고 그들의 많은 숫자를 스스로 말하게 하여 성경에 기록되어 세상에 알려 주려고 한 것이다. 귀신이 대답한 '군대'라는 단어는 헬라어로 '레기온(λεγεών)'으로 당시 로마 군대의 여단을 지칭하는 단어이며, 로마군 여단은 육천 명씩 구성되어 있었다. 실제로 귀신들은 예수님에게 쫓겨서 이천 마리가 넘는 돼지 떼에 들어갔으니 그들이 거라사 광인에게 잠복하고 있는 숫자는 수천 마리에 달했다는 것을 의심할 여지가 없다. 이렇게 한 사람에게 수천 마리의 귀신들이 들어가 있다는 것은 지구상에 상상을 초월하는, 경악할 만한 수효의 귀신들이 존재하고 있다는 증거가 될 것이다.

실제로 성령께서는 필자에게 귀신들의 숫자는 지구를 덮고 있을 만큼 많다고 말씀하셨다. 필자에게는 귀신이 잠복한 사람들에게서 귀신을 쫓아내는 일이 사역의 주요한 부분이다. 축출기도를 시작하면 귀신들이 떼를 지어 수백, 수천 마리가 나가는 것은 일반적인 현상인데 귀신들은 들어올 때도 떼를 지어 들어오고 나갈 때도 떼를 지어 나가는 것이 특징이다.

그렇다면 악한 영들은 어떤 조직 체계를 가지고 있을까? 그들이 하나님의 군대에 맞서 싸우는 군대라면 이들 역시 일사불란한 지휘 체계를 가지고 있을 것이다. 성경에는 이를 인지할 만한 언급이 없지만, 성령께서 필자에게 귀신의 조직이나 지휘 체계에 대해 말씀해 주신 적이 있다. 악한 영의 조직은 타락한 천사장인 계명성이라 부르는 사탄이 타락한 천사들을 이끌고 이 땅에 왔으며, 그의 휘하에는 고급영인 마귀가 있고 마귀 아래에 하급영인 수많은 귀신들이 있다. 고급영인 마귀는 미혹의 영이라고 불리며, 사람의 몸에 먼저 들어가서 수많은 하급 귀신들을 끌어들여 배나 가슴 부위에 집을 짓고 있다. 마귀는 끌어들인 귀신들을 쇠사슬을 묶어서 도망치지 못하게 하고 공포와 억압으로 통치하고 있다. 그렇다면 총대장 격인 사탄은 어떻게 세상을 지배할 수 있을까? 예전에 성령께서 필자에게 무소부재하시는 하나님은 공간 이동이 자유롭다고 하셨다. 그러나 사탄은 그런 능력은 없지만 수많은 마귀들을 각 사람들의 몸에 잠복하고 배치하여 조직적으로 하급영인 귀신들을 통제하고 있다고 하셨다. 그래서 이들의 체계가 마치 노예 제도를 닮았다고 말씀하셨다. 사탄은 자신의 직계부하인 마귀들을 이용해서 하급 귀신들을 노예처럼 부리고 있다는 뜻이다.

이렇게 총대장 사탄은 마귀라고 불리는 고급영들을 통해 나라와 단체,

교회와 사회를 이끄는 지도자나 영향력이 지대한 사람들인 권력자, 장군, 부자, 학자 등의 리더급의 사람들에게 들어가서 그들의 머리를 타고 앉아 조종함으로써 세상을 지배하고 통치하고 있는 셈이다.

악한 영들은 어떤 방법으로 사람들을 공격하는가?

당신이 상상하는 귀신의 공격은 무엇인가? 흰 소복을 입고 머리를 산발한 채 피 묻은 칼을 물고 기괴한 웃음을 짓고 있는 모습을 떠올릴 것이다. 그러나 그런 모습은 작가의 상상력의 소산이다. 그래서 나라별로 귀신의 모습은 사뭇 다르다. 만약 눈에 보이는 귀신이 진짜라면 어느 나라나 지방에 상관없이 귀신의 모습은 동일해야 하지 않겠는가? 물론 실제로 귀신을 본 사람들도 더러 있다. 필자를 찾아온 귀신이 잠복한 사람들은 자신들이 실제로 귀신을 본 사건을 말해 주곤 한다. 그러나 이는 귀신이 망막을 조작하거나 시신경을 조종하여 실제로 보는 것처럼 하는 속임이다. 만약 그게 실제 모습이라면 귀신을 쫓아내는 성경 속의 사건에서 그렇게 묘사해야 할 것이다. 성경에서 말하는 내용과 다르다면 전부 귀신이 속이는 것이라고 보면 된다. 그렇다면 귀신은 어떻게 사람을 공격하는가?

> 마귀가 벌써 시몬의 아들 가룟 유다의 마음에 예수를 팔려는 생각을 넣었더라 (요 13:2)

열둘 중의 하나인 가룻인이라 부르는 유다에게 사탄이 들어가니 (눅 22:3)

예수께서 대답하시되 내가 너희 열둘을 택하지 아니하였느냐 그러나 너희 중의 한 사람은 마귀니라 하시니 (요 6:70)

위의 구절들은 악한 영이 어떻게 사람을 공격하는지를 잘 보여 준다. 먼저 악한 영은 사람에게 죄를 짓게 하는 생각을 넣는 공격을 하여 사람이 이를 받아들이면 아예 몸속에 들어가서 잠복한다. 그래서 귀신이 조종하는 사람이 되면 귀신과 동일한 취급을 하게 되는 것이다.

뱀들아 독사의 새끼들아 너희가 어떻게 지옥의 판결을 피하겠느냐 (마 23:33)

위의 구절은 예수님께서 바리새인과 서기관들을 향해 내뱉는 독설이다. 그들을 향해 독사의 새끼라고 하시는 이유는 독사의 상징이 바로 악한 영을 뜻하기 때문이다. 즉, 바리새인과 서기관들 안에는 악한 영들이 머리를 타고 앉아 조종하고 있기에 그들이 악한 영의 하수인으로 전락하였으며 종국에는 지옥의 불길에 던져질 운명인 셈이다. 결국 가룻 유다처럼 사탄의 생각을 받아들여 죄를 짓게 되면 사탄과 같이 취급을 받는다. 악한 영이 죄의 덫을 놓고 죄악 된 생각을 머리에 넣어 주는데 이를 받아들이게 되면 죄를 지은 죄인이 된다. 죄인은 하나님과 분리되고 악한 영의 포로가 되어 지배를 받게 된다. 말하자면 악한 영이 사람들을 포로로 만드는 수단이, 바로 귀신들이 죄악 된 생각을 넣어 주어 공격하는 것이다.

악한 영들의 일반적인 공격 유형

귀신들이 공격하는 수단은 머리를 타고 앉아 죄악 된 생각을 넣어 주어 사람들을 속이는 것이다. 이것들은 죄다 부정적인 생각들이다. 특히 자고 있을 때는 방어할 수 없으므로 손쉽게 공격한다. 그래서 이런 부정적인 생각을 사람이 받아들이면 악한 영은 몸에 들어와서 잠복하여 정신질환과 고질병에 걸리게 한다. 또한 가족을 포함한 가까운 사람들에게 부정적인 생각을 넣어 주어 죄를 짓게 하며 싸우게 하고 분열시킨다. 그래서 영혼을 피폐하게 만들고 삶을 황폐하게 만드는 것이다. 그러면 이들의 공격을 구체적으로 살펴보겠다.

I. 꿈이나 비몽사몽간에 가위눌림

귀신들은 머리를 타고 앉아 생각으로 공격한다. 특히 자고 있을 때 무분별하게 들어온다. 가위눌리는 것은 귀신들이 쉽게 공격하는 유형이다. 선잠이 들 때나 비몽사몽간에 들어오는 경우가 많으며 검은 물체가 몸을 찍어 눌러서 최악의 공포를 느끼게 한다. 꿈은 3가지 유형이 있다. 생리적으로 꾸는 소위, 개꿈이 있고 하나님이 주시는 꿈 그리고 악한 영이 주는 꿈이 있다. 하나님이 주시는 것처럼 악한 영이 속이는 것이다. 이는 분별의 능력이 있어야 알 수 있다. 귀신들이 주는 꿈은 대부분 공포나 무서움을 주는 꿈이다. 꿈에서 공격하고 저주하고 욕설을 퍼붓는다. 그래서 두려움에 휩싸여 도망치다가 깨는 경우가 빈번하다. 기도의 능력이 없는 사람들은 꿈에서도 당하고 깨어나서도 당한다. 꿈에서 깨어난 후 꿈꾼 내용을 기억하든지 혹은 기억하지 못한다고 하더라도 기분이 나쁘고 부정적인 생각이 들어온다면 늦기 전에 예수피로 이런 생각을 몰아내야 한다. 아니면 일상의 삶에서 부정적인 생각으로 정신을 지배하려 들 것이다.

2. 정신질환과 고질병

귀신들이 머리를 타고 앉아 자신들의 생각을 넣어 주어 공격하는 게 일반적이지만 성령이 없는 사람들은 아예 몸 안에 들어와서 집을 짓고 잠복하는 일도 허다하다. 집을 짓고 있는 부위는 가슴과 배 부분이며 또한 뇌를 집중적으로 공격한다. 뇌는 모든 말과 행동, 생각과 성품을 통제하는 총본부이기 때문이다. 그래서 오랫동안 몸에 잠복하면서 정신을 파괴하고 육체를 황폐하게 만들며 그 현상이 바로 거의 모든 정신질환과 갖가지 고질병이다. 정신질환 이외에도 유전병, 발달 장애, 지체 장애 등 원인을 알 수 없는 불치의 병도 귀신의 공격이다. 그동안 영성학교에서는 수많은 정신질환 환자들을 축출기도로 치유함으로 그 사실을 증명하고 있다. 또한 상당수의 육체적인 고질병도 귀신들의 공격으로 인해 발생하므로 이 역시 축출기도로 낫게 함으로 증명하고 있다. 그러나 모든 고질병이 귀신들이 직접적인 원인이라고는 볼 수 없다. 수질 오염이나 대기 오염 등이 악화된 곳에 거주하거나 오랫동안 일을 하면서 암에 걸리는 것은 귀신들의 직접적인 원인이 아닐 것이다. 어쨌든 성경에는 질병을 치유할 때 먼저 귀신을 쫓아내지 않는가? 그러나 우리네 교회에서는 이런 사역을 할 생각도 없으며 능력도 없으니 기가 막힌 일이다.

3. 대인관계 악화와 가정 분열

귀신들이 넣는 생각은 전부 죄를 짓게 하는 부정적인 생각들이다. 특히 미움, 증오, 억울함, 불평, 원망, 자기 연민, 분노, 짜증, 싸움, 분열 등의 부정적인 생각을 집요하게 넣는다. 부부 간에 싸우게 하여 가정을 파괴시키고 가족들을 분열시킨다. 가정이 파괴되면 귀신들의 먹잇감이 되는 것은 시간문제이기 때문이다. 그래서 수많은 부부들이 싸우다 지쳐서 이혼을 하고 가정이 분열되고 있다. 가정뿐 아니라 직장, 단체, 교회, 나라 간에도 서로 미워하고 중상모략을 일삼아 싸우고 분열하고 있다. 강성노조로 인해 회사가 문을 닫고 국가에서도 국민들이 편을 나누어 피 터지게 싸우고 있지 않은가? 사람들이 모여 있는 곳이라면 어디든지, 서로 미워하게 하고 싸워 분열시키는 계략이 귀신이 하는 공격이다. 그렇게 해서 사람들로 하여금 죄를 짓게 하고 하나님으로부터 멀어지게 하여 삶과 영혼을 사냥하는 것이다.

4. 불행한 사건 사고

귀신들은 사람들의 뇌를 타고 앉아 생각을 조종하여 불행한 사건 사고에 휘말리게 한다. 불륜, 도박, 사기 등에 빠지게 하여 불행하게 만들고 시각신경과 청각신경을 조종하여 교통사고를 당하게도 한다. 특히 대다수의 성인들이 운전을 하고 있어서 그런지 자동차 접촉사고는 빈번하다. 어쨌든 귀신들은 놀라운 영적 능력을 가지고 불행한 사건 사고를 일으키는 공격을 하고 있다. 그러므로 귀신들의 정체와 공격을 알아채고 싸우는 영적 능력이 없다면 행복한 삶은 물 건너갔다고 보아야 할 것이다. 성령께서는 필자에게 귀신들의 공격은 상상을 초월한다고 말씀하셨다. 그러나 이들 역시 피조물이므로 하나님이 허락한 한계 내에서만 공격이 가능하다. 하나님은 사람들의 믿음을 확인하시려고 귀신들의 공격을 허용하셨다.

악한 영들이 속여 넣어 준 생각을 받아들인 자들의 특징

귀신들의 공격의 특징은 사람들의 머리를 타고 앉아 자신들의 생각을 넣어 주고 마음을 조종하는 것이다. 성령께서는 이런 사람들을 좀비라고 하셨다. 하나님의 종은 성령이 함께 계셔서 영혼을 구원하고 하나님의 나라를 세우는 것에 반해, 귀신의 종은 귀신들의 조종을 받아 사람들을 공격하여 불행에 빠뜨리며 고통을 주어 영혼과 생명을 사냥하는 일에 도구로 사용되는 자들이다. 그러므로 귀신의 종을 가까이에 두고 있다면 불이 있는 장소에 화약을 지니고 있는 것처럼 위험천만한 일이다. 그러나 대부분의 사람들은 귀신의 정체나 공격에 대해 무지하므로 이들의 공격을 받아 불행에 빠져 살면서도 그 원인에 대해 모르고 살다가 이 땅을 떠나간다. 그러므로 귀신이 조종하는 좀비들의 특징을 자세히 살펴보고 그들의 공격을 대비하거나 안전하게 도피해야 할 것이다.

I. 자기중심적이다

귀신들이 지배하는 자의 가장 큰 특징은 자기중심적이며 고집이 세다. 자기중심적이라고 하는 것은 이기적이고 개인적인 성품이 두드러진다는 뜻이다. 성경에서는 이를 두고 말세가 되면 사람들은 자기를 사랑하고 돈을 사랑한다고 한마디로 잘라 말했다. 이기적인 사람들의 특징이 바로 자기중심적이다. 오로지 자기밖에 모르고 돈을 사랑한다. 이런 사람이 남편이면 아내는 지옥을 경험한다. 거꾸로 아내라면, 남편은 피곤하고 고단한 삶이 운명적일 것이다. 만약 이런 사람이 부모라면 자녀들은 부정적인 환경에서 자라서 상처를 받고 살아야 하며 이런 사람이 직장 상사라면 날마다 회사 가는 것이 처형장에 끌려가는 느낌일 것이다. 자기중심적인 사람은 자기 자신밖에 몰라서 상대방을 이해하는 마음이 부족하고 불쌍히 여기는 마음을 찾기 어렵다. 그래서 이런 사람과 같이 관계를 맺고 있으면 속이 터지고 답답하다. 그뿐이 아니라 이런 사람들은 자신을 공격하고 화나게 하는 일이 비일비재하다.

세상이 종말이 치달을수록 사람들의 사랑이 식고 잔인해지며 이기적으로 변하는 것은 바로 귀신들이 그들의 머리를 타고 앉아 마음을 부추기며 조종하고 있기 때문이다. 그러므로 주변에 이런 사람들이 있다면 적당한 거리를 두면서 그들의 공격을 미리 차단해야 한다. 그들은 자신의 마음에 들지 않으면 사정없이 공격한다는 것을 잊지 말고 이런 사람들과 대화를 할 때면 충분히 기도해서 귀신들의 공격을 무력화시켜야 한다.

2. 교만하며 자기의 의를 드러내기 좋아한다

자기의 의를 드러내며 교만한 성품이 귀신들이 조종하는 사람의 두드러진 특징이다. 언젠가 성령께서는 하나님의 기름은 성령이고 귀신의 기름은 교만이라고 말씀하신 적이 있다. 교만한 사람은 포악하고 안하무인인 면도 있지만 성경에서 말하는 교만은 하나님의 뜻을 무시하며 사람들을 사랑하지 않는 것이라고 말하고 있다. 교만한 사람의 반대되는 특징이 온유와 겸손이라는 것을 보면 교만한 성품을 하나님이 얼마나 싫어하시는지 알 수 있다. 교만한 사람은 하나님을 두려워하지 않고 하나님의 뜻을 우습게 보고 행하지 않는다. 그 이유는 귀신이 마음을 조종하며 하나님께 대적하는 마음을 넣어 주기 때문이다.

자기의 의라는 말은 자기를 내세우기 좋아하는 것을 말한다. 자기의 이름을 내기 좋아하는 행태는 하나님을 모르는 세상 사람의 특징이기도 하지만 교회 내에서도 이런 사람이 적지 않다. 희생적인 신앙 행위를 목회자나 다른 교인이 알아주기를 바라고 알아주지 않으면 서운해하고 시험에 든다. 이런 사람은 교회봉사를 하고 십일조를 내고 새벽기도회에 나오는 것을 가슴에 빛나는 훈장으로 여기고 교회에서 감투를 즐겨 쓰고 드높은 직분을 드러내기 좋아한다. 예수님 당시에 바리새인들과 서기관들이 그랬다. 그들은 사람들이 많이 모이는 시장에서 큰소리로 기도하였고 내다 팔 목적이 아니라 식구들이 먹으려고 기르던 약용 식물까지 철저하게 십일조를 드리며 높은 종교심을 자랑하기 바빴다. 그러나 예수님은 바리새인과 서기관의 의를 넘지 않으면 천국에 들어갈 수 없다고 못 박으셨다. 예배 행위와 기도 행위, 전도나 봉사 등은 제자 된 본분으로서 하나님의 은혜에 감사해서 기꺼이 하는 것이지 사람들에게 알아 달라고 하는 것은 아니다. 그러나 우리네 교회에는 이런 사람이 적지 않다. 특히 목회자나 교회 지도층 인사 중에서 많이 눈에 띈다. 이런 사람들이 바로 귀신들이 지배하는 사람들의 특징이다.

3. 감정의 기복이 심하다

감정의 기복이 심한 사람도 귀신이 지배하는 사람이다. 감정이 너무 자주 바뀌기 때문에 그와 친분을 나누는 사람들은 자주 눈치를 살펴야 하며 같이 있는 게 불안하다. 이런 사람이 가장이거나 아내라면 평안한 가정은 물 건너갔다고 보아야 한다. 조울증 환자는 좋은 기분과 우울한 기분이 자주 바뀌는 증세가 있으며 귀신이 잠복해 있는 사람이다. 귀신이 감정을 격앙시키면 분노를 폭발하며 화를 내다가 잠시 후에는 아무 일 없었다는 듯이 자신의 행동을 잊는다. 이런 사람들이 흔히 하는 말이 자신은 뒤끝이 없다고 자랑한다. 그러나 실상은 귀신이 감정을 격앙시키기 때문에 불같이 화를 내도 잠시 뒤면 까마득히 잊어버리게 되는 것이다. 그러므로 감정의 기복이 심한 사람들과 가까이 지내면 공격을 받아 상처를 받기 십상이다.

위 3가지 특징은 귀신이 안에 잠복해서 지배하고 마음을 조종하는 사람의 것이다. 자신이 만약 그런 성향이 있다면 하나님을 부르는 기도의 습관을 들여 귀신들의 공격을 무기력하게 하며 이들을 쫓아 버려야 한다. 불행하게도 이들이 만약 가족이라면 피 터지게 싸워 쫓아 버려야 한다. 그러나 자신은 인정하지 않으려 하기 때문에 성령이 내주하시는 기도의 강을 건너, 능력 있는 기도로서 가족 안에 들어간 귀신을 쫓아 버려야 가정의 평안을 회복할 수 있다. 만약 이런 사람이 주변에 있다면 거리를 두어 함부로 자신을 공격하거나 자신의 삶을 좌지우지하지 않도록 적절한 대비책을 세워 두어야 한다. 귀신들은 은밀하게 잠복해서 마음을 조종하기 때문에 귀신들이 자신 안에 있을 거라고 아무도 눈치채지 못한다. 이것이 그들과의 싸움이 너무 힘들고 어려운 이유이다. 악한 영들의 잠복과 계략을 알지 못하면 이들에게 공격을 당해 삶이 불행해지고 자칫하면 생명과 영혼이 위태로울 수 있다. 그러므로 이들의 잠복과 공격을 알아채는 분별력을 기르고 보혈의 능력을 가슴에 새겨 귀신을 쫓아내는 영적 능력을 보유해야 할 것이다.

귀신들의 잠복을 어떻게 알아챌 것인가?

하나님은 영이시기 때문에 눈에 보이지 않고 귀에 들리지 않으며 과학적인 방법으로 증명되지 않는다. 천사와 사탄, 귀신도 마찬가지이다. 그러나 우리네 주변에는 귀신을 보았다는 이들도 더러 있다. 한마디로 귀신에게 속은 것이다. 필자는 귀신과 싸우는 일이 사역의 한복판에 있다. 귀신 들린 사람들이 허다하게 찾아온다. 그들 중에는 귀신을 보았다는 이들도 적지 않다. 찌그러진 사람 모양이라고 하는 사람도 있고 웅크리고 앉은 것을 보았다는 이들도 있다. 귀신들은 시신경이나 청각신경을 장악하고 조종하는 능력이 탁월하다. 환청이나 환각을 어떻게 믿을 수 있는가? 그러나 이를 분별하지 못하는 이들은 자신의 경험을 실제라고 목청을 높일 것이 분명하다. 어쨌든 필자는 귀신이 잠복한 사람들에게서 귀신을 쫓아내고 고질병을 치유하면서 성령이 내주하는 기도훈련을 시키고 있다. 지금까지 수백 명이넘는 사람들에게서 귀신을 쫓아내고 귀신들이 일으킨 정신질환과 고질병을 치유하였다.

결론적으로 말해서 성령이 내주하지 않는 사람들은 귀신들의 밥이다. 말하자면 귀신들이 몸에 잠복해서 집을 짓는 것은 물론이고 마치 제집을 들락거리는 것처럼 수시로 드나든다. 귀신이 잠복한 사람들을 어떻게 알아챌수 있는지는 분별력이 필수일 것이다. 그렇다면 귀신의 잠복을 알아채는 가장 기본적인 증상에 대해 말씀드리겠다.

수많은 귀신들이 오랫동안 잠복한 증거는 정신질환이다. 정신질환은 불면증을 비롯해서 우울증, 조울증, 강박증, 공황 장애, 정신분열증, 알코올 중독을 비롯한 각종 중독, ADHD, 틱 장애 등 헤아릴 수 없을 정도로 많다. 귀신은 정신질환 이외에도 상당수의 고질병은 물론, 다양한 불행한 사건 사고를 일으키고 사람들에게 미움과 분노를 일으키게 하여 싸우고 분열시키고 있다. 그러나 다른 증거는 사람들이 거의 믿지 못하고 있으므로 귀신을 쫓아내고 정신질환이나 고질병을 치유하는 것으로 증명해야 할 것이다.

필자를 찾아온 사람들이 자신에게 귀신이 잠복한 것을 인정한 사람들은 별로 없었다. 그러나 자신의 문제가 정신질환이든지 고질병이든지 아니면 풀리지 않는 삶의 문제이었든지 간에 필자가 요구하는 기도훈련에 따라야 한다. 최근에는 필자를 찾아오지 않고 칼럼을 읽거나 유튜브 동영상을 보면서 혼자 훈련하는 사람도 적지 않다. 그러므로 훈련하기 전에 자신에게 과거에 정신질환 전력이 있거나 현재 앓고 있는 사람들은 필자의 얘기를 잘 들어야 할 것이다.

필자가 요구하는 기도의 방식은 전심으로 하나님의 이름을 부르는 것이다. 방해 받지 않은 시간을 정해 놓고 기도하는 것은 기본이고 일상의 삶에서 쉬지 않고 하나님을 부르며 성령의 내주를 간구하는 것이다. 이 기도를 하다가 침이나 가래, 하품, 트림, 헛구역질, 기침, 구토, 방귀, 배변, 두통, 가려움증, 복통 등의 증세가 일어나면 귀신의 잠복을 의심해야 한다. 그러나 이런 생리적인 현상이 귀신이 자극하거나 나가는 증상이라는 증거는 매번 기도할 때마다 이런 증상이 생긴다는 것이다. 이러한 증상은 혼자 해도 얼마든지 나타나는 증상이며 필자의 판단으로는 약한 귀신들이 자극하거나 나갈 때 드러나는 증상으로 생각된다. 이러한 증상과 같이 겉으로 나타나는 현상이 기도의 집중에 방해되는 증상이다. 갖가지 잡념들이 들어와서 하나님을 부르는 기도에 집중하지 못하게 한다. 귀신들의 공격 목적은 하나님을 부르는 기도를 못하게 하는 것이다. 그러므로 갖가지 잡념을 집요하게 넣어 주거나 멍하게 하거나 졸리게 하는 등의 공격을 한다.

그럼에도 기도를 지속하면 중급 위력의 귀신들의 공격이 시작된다. 그 공격은 육체를 아프게 하는 것이다. 감기 몸살에 걸린 것처럼 전신의 통증을 일으키고 열이 나고 빈혈 증상이 일어나고 허리가 끊어질 듯이 아프다. 과거에 고질병이 있었다면 고질병이 다시 도지는 것은 물론, 현재의 고질병이 악화되는 현상을 보인다. 복통을 일으켜서 화장실에 자주 가게 되는 것도 일반적이다. 특히 만성 두통에 시달리고 온몸에 두드러기가 나고 가려움증이 빈번하다. 특히 목 디스크나 허리 디스크가 있는 사람은 이 부위의 공격이 거세진다. 여성들은 유방이나 자궁에 혹이 생기고 통증이 두드러진다. 갑상선 비대증이나 저하증도 악화된다. 또한 편도선이 붓고 염증이 악화되는 일도 생긴다. 기도를 더욱 심하게 하면 할수록 고통이 심해지고 빈번해진다. 많은 이들이 이쯤에서 기도를 중도에 포기하게 된다. 그렇다고 필자가 병원에 가지 말라는 것은 아니다. 귀신들이 일으키는 병은 일반적으로 항생제가 잘 듣지 않기 때문에 병원 치료를 받으면서 기도를 죽기 살기로 하라고 권면하지만 병원에서 해결 받으려는 이들은 죄다 기도를 소홀히 하게 되어 있으며 결국 기도가 하기 싫어지고 믿음을 잃게 되어 포기하게 되는 것이다.

위의 증상은 빈번하게 일어나는 병명이며 사람에 따라서 수많은 질환들이 생겨난다. 특히 얼굴 부위의 감각 기관을 집요하게 공격하는 것도 일반적이다. 비염, 축농증, 이명, 눈병, 잇몸이 아프거나 염증이 생긴다. 이 기도를 진행하면 할수록 고질병이 드러나고 고통이 심화된다. 그러므로 고질병이 있는 사람들은 귀신들의 전면공격을 예상하고 시작하여야 할 것이다. 그래서 이런 고질병 환자들은 필자를 비롯한 영성학교 코치진들이 축출기도나 중보기도를 해 주고 있다. 혼자서 버티는 것이 실로 어렵기 때문이다. 그러나 아쉽게도 많은 이들이 귀신들의 몸을 아프게 하는 공격에 버티지 못하고 중도에 포기하는 이들이 적지 않다. 그 밖에도 귀신들은 남편이나 아내, 부모 등 영향력을 행사하는 사람들을 통해서 공격하여 기도를 못하게 한다. 가족들이 영성학교에 가는 것을 극도로 반대하고 공격한다. 경미한 사건사고를 일으켜서 불안하고 두렵게 하는 공격도 같이 사용하고 있다. 자동차 접촉사고는 가장 흔한 사건이다. 이 3가지의 공격이 귀신들이 가장 일반적으로 사용하는 공격 유형이다. 그중에서도 갖가지 고질병과 정신질환을 일으켜 몸을 고통스럽게 하는 공격이 센 공격 중의 하나인데 필자의 주장은 귀신을 쫓아내서 정신질환과 고질병을 치유하여야 증명할 수 있을 것이다.

귀신은 언제 몸에 잠복해서 집을 짓는가?

충주에서 영성학교를 열어 주시기 전에 대전에서 약 3년 동안 성령께서는 필자에게 어떻게 악한 영과 싸워 이길 수 있는지 훈련을 시켜 주셨다. 귀신이 잠복한 사람들을 보내 주셔서 그들에게서 귀신을 쫓아내고 고질병을 치유하는 훈련이었다. 귀신이 잠복한 사람들은 대부분 정신질환 환자들이었다. 불면증, 강박증, 우울증을 비롯해서 자기 정신이 전혀 없는 정신 분열 환자까지 다양했다. 그래서 이들을 쫓아내면서 이들이 드러내는 증세와 공격 유형에 대해 지식과 경험을 쌓을 수 있었다. 그러고는 지금의 충주로 보내 주시고 영성학교를 열어 주셔서 본격적인 사역을 시작하게 되었다. 충주에서 영성학교를 열고 사역을 시작한 지도 벌써 5년의 세월이 지났으며 천여 명이 넘는 사람들이 찾아왔었고 수백 명의 사람들의 기도훈련 요청을 받아들여서 훈련을 시작하였으며 수백 명의 사람에게 잠복한 귀신들을 쫓아내면서 정신질환과 고질병을 치유하면서 성령과 동행하는 기도훈련을 진행하고 있다. 귀신들이 들어오면 주로 배나 가슴에 집을 짓는다. 그래서 가슴이 답답하고 심장 뛰는 소리가 크게 들리며 배의 움직임이 심하다. 소리도 크게 나며 칼로 찌르는 듯이 아프며 소화 불량이나 과민 대장 증후군 등 소화 기관의 문제가 두드러지게 나타난다. 귀신이 잠복한 사람들은 배 주변에서 다양한 느낌을 받는다. 그래서 언제 귀신들이 몸에 잠복해서 집을 짓는지에 대해 살펴보겠다.

I. 기분 나쁠 때 귀신이 들어와서 집을 짓는다

기분이 나쁘다는 것은 짜증과 분노 등의 부정적인 감정들이 스멀스멀 올라오는 상태의 마음이다. 이러한 감정을 평안과 기쁨 등과 정반대의 감정이다. 평안과 기쁨은 성령이 주시는 마음의 상태이며 거꾸로 분노와 짜증, 미움, 불안, 두려움, 억울함, 조급함, 좌절, 절망 등의 부정적인 마음은 하나님을 믿지 못하는 불신앙과 이웃을 사랑하지 않는 죄악 된 마음이다. 악한 영은 죄의 덫을 놓고 죄에 걸려 넘어지도록 부추긴다. 그러므로 기분이 나쁜 상태는 이미 귀신들이 마음에 들어와서 집을 짓고 있는 상태이다. 기분이 나쁜 원인을 알고 있든 아니면 원인 모르게 그냥 기분이 나쁜 상태이든 상관이 없다. 귀신들은 육체와 마음을 수시로 넘나들며 머리를 타고 앉아 자신들의 생각을 넣어 주어 조종을 하는 놈들이다. 그러므로 기분이 나쁘다는 것은 귀신들이 들어와서 잠복하며 공격을 하고 있다는 신호이다. 이를 방치하면 분노가 폭발하고 싸움이 시작되며 사람들과 갈등이 깊어지고 분열의 원인이 된다. 가정이 쪼개지고 이혼을 하며 회사는 노사 분규에 시달리고 이웃과는 원수지간이 되는 것이다. 그러므로 자신의 마음의 상태를 항상 점검하면서 기분이 나빠지기 시작하면 즉시 예수피를 외치면서 이놈들을 쫓아내야 한다.

2. 가정에 대화가 없을 때 귀신들이 집을 짓기 시작한다

미움과 분노, 무관심이 팽배한 가족 간에는 대화가 없다. 말하자면 이 가정은 가족 간에 화목하고 사랑이 넘치는 것과 반대인 셈이다. 그러나 가정의 문제를 지적해도 이를 받아들이지 않고 싸움과 갈등이 증폭이 된다면 서로 마음의 문을 닫고 대화를 안 하게 될 것이다. 부부가 같은 집에 살아도 남남처럼 살고 자녀들도 부모와 대화를 나누려 하지 않는다. 아버지는 직장에서 늦게 퇴근하며 휴일에도 취미 생활을 하거나 부족한 잠을 자느라고 자녀와 대화를 할 생각조차 없다. 어머니 역시 자신이 좋아하는 TV 드라마나 쇼핑 혹은 친구들과 만나고 수다를 떠느라고 정작 남편이나 자녀와 같이 시간을 보내려 하지 않는다. 자녀들도 학교나 학원에서 대부분의 시간을 보내며 집에 있는 시간에도 스마트폰을 들여다보며 채팅과 게임을 하느라고 여념이 없다. 이런 가정은 문제가 심각한 수준으로 서로 간에 무관심하고 사랑이 식어가고 있는 중이다. 머지않아 이혼을 하고 가족이 뿔뿔이 흩어질 조짐이 보이는 것이다. 그러므로 가족 간에 대화가 없는 가정은 이미 귀신들이 가족들에게 들어와서 집을 짓고 있는 상태이다.

3. 기도를 쉬는 순간 귀신들이 집을 짓기 시작한다

귀신들이 몸 안에 집을 짓고 있다는 것은 생소하겠지만 성령께서 말씀해주시고 수많은 귀신 들린 사람들에게서 확인된 바이다. 그래서 귀신을 쫓아내면 가슴과 배에 많은 현상이 감지된다. 가슴이 답답하고 배가 칼로 찌를 듯이 아프며 딱딱한 게 만져지거나 꿈틀거리며 울렁거리는 느낌이 들고 물이 흐르는 소리와 더불어 기도할 때마다 빈번하게 복통, 설사, 배변의 활동이 활발하다. 그리고 기도가 지속될수록 집이 허물어지는 느낌이 든다.

귀신들은 대부분 사람들이 아주 어렸을 때부터 들어와서 집을 짓는다. 그래서 나이가 많을수록 귀신들의 집을 허무는 게 힘들고 더디다. 성령께서는 필자에게 귀신들은 사람들을 전혀 두려워하지 않으며 기도하지 않는 자들을 비웃고 다니면서 안방 드나들 듯이 들어가 이곳저곳 다니고 있다고 말씀하셨다. 여기에서 말하는 기도는 자신들의 탐욕을 채우는 기도가 아니라 성령을 모시는 기도이며 하나님을 간절히 찾는 기도를 말한다. 그래서 이런 기도를 하지 않는 십자가의 보혈이 가슴에 새겨지지 않은 사람들에게 귀신들이 들어가 집을 짓는다. 그러므로 세상 사람들은 말할 것도 없고 대부분의 크리스천에게 귀신들이 들어가서 집을 짓고 지배를 하고 있는 셈이다. 필자의 주장에 코웃음을 치는 분들도 있겠지만 자신의 영혼과 삶 그리고 믿음의 상태를 찬찬히 살펴보라. 성령의 증거나 변화, 능력과 열매가 있는가? 하나님을 모르는 세상 사람들과 진배없이 무능하고 무기력한 믿음으로 고단하고 곽곽하게 살고 있지 않은가? 이는 귀신의 종이 되어 죄를 밥 먹듯이 짓고 있으면서 회개할 생각도 죄와 싸울 생각도 하지 않기 때문이다. 결국 하나님을 부르는 기도에 무지하고 기도를 하지 않고 있는 모든 크리스천들에게 귀신들이 들어가서 집을 짓고 지배하고 있다고 보면 된다.

정신질환과 귀신 들림의 차이

언젠가 필자는 크리스천 정신과 의사가 정신분열(조현증) 증세와 귀신 들림의 증세에 대해 쓴 책을 읽어 본 적이 있다. 그분은 책에서 기도원이나 교회에서 귀신 들림 현상으로 주장한 사람들의 대부분이 정신질환이었다고 주장하였다. 그러나 책 말미에 정신질환이라고 주장할 수 없는 귀신 들림 현상도 있다고 실어 놓은 부분도 있기는 하다. 그러나 전체적으로 기도원 등지에서 귀신 들린 현상이라고 주장한 사람들의 경우가 귀신이 잠복한 경우라는 증거가 확실하지 않다는 투였다. 얼마 전에 영성학교에 정신과 의사가 기도훈련에 참여하였다. 그분은 크리스천이었고 정신과 의사들이 인정하기 어려운 귀신에 대한 필자의 주장에 동의하고 기도훈련의 필요성을 인정하였기에 찾아왔었다. 그러면서 영성학교에서 기도훈련을 하던 정신질환 환자들이 신속하게 치유되는 것을 보고 몹시 놀라워했다. 이 같은 빠른 치유 속도는 정신병원에서 거의 볼 수 없는 경우라고 말했다. 그가 의대에서 공부한 정신질환의 원인과 치료 방법을 무시하고 필자가 주장하는 대로 정신질환이 귀신들의 소행이라는 것을 받아들이기가 어려웠을 것이다. 그러나 그는 자신이 근무하는 정신병원에서 크리스천 환자들에게 필자가 훈련시키는 기도 방식을 말해 주고 있다고 하였다.

　영성학교를 방문하는 사람들 대부분은 자신에게 귀신이 잠복한지 모르는 상태로 정신질환이나 고질병이 있어서 찾아온다. 기도훈련과 축출기도를 통해 이들에게서 귀신 들림 현상이 드러났기 때문에 처음에는 정신질환과 귀신 들림의 정확한 차이를 알아내고 분별을 하는 것이 쉽지 않았다. 그러나 최근에 정신질환이 아니라 귀신 들림 현상만을 드러내는 분이 찾아와서 그동안 필자가 궁금해하던 내용을 알아낼 수 있는 절호의 기회를 맞게 되었다. 그분은 평소에 기도훈련을 한 적도 없고 특정한 정신질환을 앓은 적도 없으셨다. 단지 치매와 파킨슨병으로 기억력이 급격히 감퇴되어 일상생활을 할 수 없게 된 이후에 딸이 영성학교에서 기도훈련을 신청하고 기도능력이 향상되면서 어머니의 증세가 급격히 호전되어서 일상생활을 하는 데 문제가 없을 정도로 좋아졌다. 그러나 딸이 어머니의 영혼 구원을 위해 기도를 가르치기 시작하면서 기이한 현상이 일어나기 시작했다. 그녀의 어머니는 혀를 쉴 새 없이 날름거리고 (이런 현상은 정신질환 환자에게 거의 나타나지 않는다.) 환각 증상으로 귀신이 돌아다니며 자신을 공격한다면서 소리를 지르고 손에 잡히는 대로 물건을 마구 집어던지면서 무서워하는 증상, 손발이 자신의 의지대로 통제되지 않고 마구 흔들어 대는 증상, 밤새도록 잠을 자지 않는 불면증, 몸의 균형을 잃어 부축해 주지 않으면 걷지 못하는 증상 등을 보이기 시작했다. 그런 증상이 나타난 지 3일 후에 그 자매는 아버지와 함께 어머니를 모시고 영성학교에 오게 되었다. 축출기도 시간에 앞에 앉혀 놓고 매일 10~15분가량 개인 축출기도를 해 주었는데 처음에는 증상의 기복이 심하더니 이틀이 지나자 잠잠해졌다.

그 다음 주에도 영성학교의 훈련 날짜에 맞추어서 오게 하여 축출기도를 받게 해 주었다. 그랬더니 2주 만에 귀신 들림 현상이 완전히 사라지고 예전의 정상적인 상태로 돌아왔다. 그래서 필자는 더 이상 개인 축출기도를 해 주지 않을 테니 이제부터는 기도훈련을 시키고 스스로 하나님을 부르는 기도의 습관을 들이도록 하라고 일러 놓았다. 그런 후에 2주가 지난 이번 주 금요일에 영성학교에 와서 하루 기도훈련을 하고 다음 날 돌아갔다. 영성학교에서 기도훈련을 하는 것이 힘들다면서 집에 가서 기도하겠다고 고집을 부렸기 때문이다. 그러나 그 어머니는 스스로 기도를 거의 하지 않았다. 딸이나 남편이 기도하라고 하면 겨우 하는 시늉만 할 정도였다. 그러더니 집에 돌아간 다음 날 사건이 발생했다. 그동안 딸이 기도하라는 부탁은 그런대로 잘 들어주었지만 남편의 말은 잘 듣지 않는데 남편이 집에서 기도하라고 역정을 내자 말다툼이 벌어지면서 예전의 귀신 들림 현상이 재발했다는 것이다.

이 자매의 어머니에게 나타난 현상을 보고 필자는 그동안 궁금해 마지않던 귀신 들림 현상과 정신질환의 본질적인 차이를 알게 되었다. 귀신들이 사람들의 몸에 잠복해서 머리를 타고 앉아 자신들의 생각을 넣어 뇌를 조종하고 뇌의 기능을 망가뜨리면서 가장 먼저 일어나는 현상이 불면증, 강박증, 조울증, 우울증, 조현증, 자살충동 등의 정신질환이다. 정신병원에 가서 아무리 치료를 해도 호전과 악화가 반복되며 치유가 되지 않는 경우가 상당수이다. 그래서 정신병원에 가면 세상과 격리된 환자들이 부지기수이다. 앞으로 이러한 정신질환 환자들의 수는 급격하게 늘어날 것이다. 그러나 귀신들이 공격하여 현상이 드러난 것은 증상이 조금 다르다. 오랫동안 정신질환 등의 고질병을 앓은 환자들이 허다하지만 귀신들은 특별히 청각 세포와 시각 세포를 조작하고 조종하여 환청과 환각 증상과 손발을 제멋대로 움직이게 하며 고함을 지르며 목과 등뼈를 꺾는 (목을 90도로 꺾어 빠르게 돌리거나 등을 뒤로 90도로 꺾어도 부러지지 않는 기이한 현상은 실제 눈으로 보지 않고는 인정할 수 없다.) 등의 기이한 현상을 발생하게 한다. 그래서 정신질환 환자에게 축출기도를 하면 귀신 들림 현상이 나타나기 시작한다. 그러나 대부분의 의사나 가족들 그리고 세상 사람들은 이해할 수 없는 이런 증상들이 정신질환으로 기인하여 발생했다고 생각할 수 있기에 귀신 들림 현상을 받아들이거나 인정하지 못할 것이다.

귀신 들림 현상을 어떻게 알 수 있는가?

귀신 들린 사람에게 귀신들은 음성이나 영음으로 말을 하거나 몸의 곳곳을 아프게 하며, 심지어 마음과 생각을 통제하거나 몸의 각 부분을 자기 마음대로 조종한다. 성경에 보면 귀신이 들려서 정신분열 증상을 보인 거라사 광인, 간질 증상을 보이는 소년에게 들어간 귀신에게 예수님은 귀머거리 되고 눈멀게 하는 귀신이라고 부르셨다. 또한 귀신이 들려 허리가 꼬부라져 불구가 된 자매 혹은 점치는 여종이나 거라사 광인은 사람의 입을 통하여 귀신과의 대화가 가능하다. 어쨌든 성경에는 귀신이 들어가서 여러 고질병과 정신질환 증상을 보이고 귀신들이 사람의 입을 통해 말을 하고 있는 장면을 보이고 있다. 이처럼 환청과 환각 등은 정신분열 증상이라고 진단하는 정신질환의 일종이다. 정신과 의사들은 헛것이 보이고 헛소리를 듣는 것은 귀신이 들려서가 아니라 뇌가 비정상적인 상태인 정신질환으로 진단하고 있다. 귀신 들린 증거들은 수도 없이 많지만 이런 증상들을 정신질환을 비롯한 고질병으로 진단하는 것이다. 성경의 사건들은 예수님께서 귀신을 쫓아내며 고치셨기에 이를 증명한 것이다. 그러므로 아무리 귀신이 드러나는 증상을 보인다고 하더라도 정신질환이나 고질병을 고치지 못하면 귀신 들림이나 빙의 때문이라고 주장할 수 없다. 그러나 모든 귀신 들린 사람이 정신질환이나 고질병을 가지고 있는 것은 아니다. 그래서 정신질환 증세가 없는 사람들에게 빙의 현상을 밝히기 어려운 것도 사실이다.

예전에 영성학교를 찾아온 말하는 귀신이 잠복한 형제의 경우를 살펴보겠다. 이 형제는 본인과 귀신이 번갈아 가며 말을 하기 때문에 다중인격자처럼 보인다. 그러나 기이하게도 정신병원에서 정신분열증이라는 진단을 받지 못했다고 한다. 왜냐면 이 형제는 환청이나 환상을 보이는 게 아니라 귀신이 그 형제의 입을 빌려서 말하는 증상이기 때문이다. 그래서 병원에서는 이 형제의 병명으로 정신분열이 아니라 원인 미상의 비기질성 정신증이라는 병명을 붙였다고 한다. 실제적으로 이 형제가 귀신의 말을 듣기는 했지만 환청이 들린다는 사실을 숨겼으며 귀신이 이 형제의 입을 통해 말을 하는 빙의 현상을 정신과 의사가 그동안 배운 의학 지식으로는 밝혀낼 수 없었기 때문이다. 얼마 전에도 빙의 현상으로 고통을 받고 있는 자매가 영성학교를 찾아왔다. 이 자매는 환청도 있고 몸의 곳곳에 기이한 현상을 겪고 있으며 감정의 기복이 심하고 불면증과 가위눌림, 악몽으로 잠을 제대로 이루지 못하는 등 귀신에게 홀려서 며칠 동안 정신을 차리지 못할 때도 적지 않다고 한다. 그래서 이 자매는 유튜브에서 유명해진 귀신을 축사하는 목사를 찾아갔었지만 축사기도가 효험이 없자 그는 정신병원에 찾아가 보라고 했다고 한다. 그 축사자는 유튜브에 귀신을 축출하는 동영상을 수도 없이 올려서 홍보하더니만 두 손을 들고 정신병원에 찾아가 보라고 했다니 기가 막히는 일이다. 어쨌든 위의 형제와 자매는 뚜렷한 환청 이외에는 별다른 고질병이 없었지만 귀신들이 몸과 정신을 지배하여 폐인으로 만들고 있는 중이었다.

위의 빙의나 귀신 들림 현상을 알아내는 것은 어렵지 않다. 적지 않은 사람들 본인이 자각 증상을 잘 알고 있기 때문이며 정신질환이든지 아니면 기이한 고통이나 현상이든지 간에 병원에서 해결할 수 없기 때문에 고민하는 것이다. 만약 정신과 의사가 처방한 약물 치료로 완치되었다면 그들의 말을 믿을 수밖에 없으며 세간의 퇴마사를 비롯하여 귀신을 쫓는다는 사역자들이 이 문제를 말끔하게 해결했다면 그들의 주장을 믿을 수밖에 없지 않겠는가? 그러나 이 문제를 말끔하게 해결하지 않고 일시적으로 증상이 사라졌다가 다시 재발한다면, 결국 그들의 말은 믿을 수가 없을 것이다.

필자는 귀신을 비롯한 미혹의 영에 대한 정체나 공격 계략, 잠복한 증상

등에 대하여 방대한 분량의 내용을 칼럼을 써서 인터넷 카페나 블로그에 올려놓았으며 유튜브 동영상 강의들로 말하고 있다. 그러나 말하는 게 중요한 게 아니라 해결함으로써 자신의 주장을 증명해야 할 것이다. 그래서 무당 출신으로 짐작되는 어떤 자매는 필자의 동영상을 보고는 어떻게 필자가 귀신에 대해 그토록 잘 알고 있는지 신기해하였다. 어떤 이들은 직접 귀신을 쫓아내지 않으면서 관념적이고 사변적인 말만 풍성하며, 어떤 이들은 귀신들이 소리를 지르고 뻗대는 것으로 귀신이 죄다 나갔다고 주장하니 기이하다. 그러나 집에 돌아와서 예전의 증상이 다시 드러나 이들을 다시 찾아가면 나간 귀신이 다시 들어왔다고 주장하고 있다.

빙의나 귀신 들림 현상은 실로 다양하며 성령이 내주하지 않는 사람들에게 귀신들이 잠복하고 있다. 그러나 대부분의 귀신들은 자신의 정체를 드러내지 않는다. 빙의나 기이한 현상으로 귀신의 정체가 드러난 사람들은 그나마 다행스러운 일이다. 제대로 귀신을 쫓아내는 사역자를 만난다면 이 문제를 해결 받을 수 있기 때문이다. 그러나 아쉽게도 우리네 교회 주변에는 말만 풍성한 목회자들이 대부분이며 귀신을 쫓아낸다고 주장하는 이들도 실상 찾아가 보면 허풍선이가 상당수이다. 무당이나 퇴마사에게 인생과 재산이 털리듯이, 이런 목회자나 사역자를 만나 엄청난 재산을 털린 이들이 부지기수이다. 그러므로 말로 주장하는 것만 믿지 말고 귀신을 쫓아냄으로써 실제로 고질병과 정신질환이 완치되고 영혼과 삶이 회복된 이들을 만나 점검하고 확인해야 한다. 또 그 사역자들이 말과 사역에 풍성한 열매를 맺고 있는지 날카롭게 검증해 보아야 할 것이다.

귀신의 소리를 들어 보라

축출기도를 시작하기 전에 말을 하는 귀신들은 거의 없다. 그러나 가끔 먼저 말을 걸어오는 귀신들이 있는데 필자는 이런 귀신들을 떠버리 귀신이라고 부르고 있다. 그동안 필자가 수백 명의 귀신이 잠복한 사람에게서 귀신을 쫓아 보았지만 떠버리 귀신이 있는 사람은 두세 명에 불과했다. 그러나 축출기도를 하면서 귀신들이 말하는 것은 수도 없이 들어 보았다. 그러나 이런 현장에 있어 본 경험이 없다면 귀신이 내뱉는 소리를 듣지 못했을 것이다. 귀신의 존재를 실감하라는 의미에서 귀신이 잠복한 기도훈련생들이 귀신의 소리를 들은 것을 필자에게 문자로 보낸 내용을 그대로 옮겨 드리겠다.

◇ 자매의 문자

오전 기도: 기도 중 뱀 소리는 여전하고 욕은 좀 줄었고 죽으라는 등 저주의 말은 이제 안 하고, "안 돼, 못 버티겠다." 이런 말은 종종합니다.

오후 기도: 기도 중 이번에는 "카악카악" 하며 "약해 빠진 것들." 어쩌고 하는데 밑에서 뱀이 가슴으로 올라오는 그런 느낌이 들었습니다.

오전 기도: 기도 중에 "카악" 하는 소리가 수요일 이후 충주에서도 가끔 나옵니다. 축출기도 때도 "카악" 하면서 못 나간다고 소리치고 막으라고 발악하고 그랬습니다. 예수피를 외치는 기도를 할 때 입술을 쉬릭쉬릭 빠르게 소리 내며 방해하고 오른쪽 아랫배가 기도 중에 가끔 아팠는데 축출기

도 때는 본격적으로 지목하면서 내 집이라고 미치도록 괴로워하다, "깨졌다고, 어떡해." 이런 소리를 했습니다.

오전 기도: 뱀 소리가 약간 줄긴 했는데 다양하게 나옵니다. 비명 지르고 특정 부위를 잡고 괴로워하는 건 많이 줄었습니다. 초반에 뱀 소리로 방해하다가 한참 괜찮다가 갑자기 뱃속이 쥐어짜듯이 구역질이 나옵니다.

저녁 기도: 오전보다 반응이 좀 더 있었습니다. 배 속 깊이 쥐어짜는 구역질이 많이 나오고 뱀 소리랑 기침이 심하게 나왔습니다.

오전 기도: 기침이 심해서 잠을 못 자고 앉았다, 누웠다 반복하면서 예수피를 외치는 기도를 하는데 "쉬릭쉬릭" 하는 뱀 소리가 계속 나오고 구역질하고 기침하고 언제 잠들었는지 모르겠습니다. 일어나서 기도하려고 앉으니 바로 "쉬잇" 하고 숨을 들이마시니 또 "쉬잇" 합니다. 하나님을 부를 때 "쉬리릿" 하며 못하게 방해하고 갑자기 기침이 터지게 해서 방해합니다. 구역질은 여전히 쥐어짜듯 나옵니다.

저녁 기도: 처음부터 끝까지 하나님을 못 부르게 방해를 합니다. 뱀 소리도 다양하게 나오고 이상한 소리도 내면서 방해합니다. 몸을 갑자기 아프게 찌르고 소리 지르고 그런 건 없고 구역질도 많이 안 나왔습니다. 지금 새벽 4시가 다 됐는데 글 쓰는 지금까지 계속 기침에 뱀 소리가 나오다가 지금은 기침도 뱀 소리도 줄었습니다. 기침과 뱀 소리가 세트로 다니는 거 같습니다.

◇ 집사님의 카톡 문자

목사님 이제는 첫째 딸이 아파요. 주일 저녁에 충주 다녀와서 아무렇지도 않게 있다가 토하고 그 이후 먹는 양이 삼 분의 일로 줄었고 약을 먹어도 머리 아픈 게 사라지지 않고 소화제를 먹어도 속은 계속 안 좋고…. 열은 없습니다. 기도는 계속하고 있습니다. 오늘 밤 기도 시작하자마자 첫째가 토했는데 토하는 소리가 하수구 소리 같았습니다. 저는 처음 듣는…. 그리고 배에서도 소리가 났고 가슴은 여전히 답답해합니다. 둘째 딸은 배에서 뭔가가 꿈틀거리면서 움직이니 너무 아프고 가슴도 긁는 것처럼 아프다고 합니다. 다리도 여전히 굳는 것 같다고 합니다. 셋째는 배가 칼로 찌르는 것처럼 아프다고 합니다.

제3부

미혹의 영

　미혹의 영은 '속이는 영'이라는 뜻으로 귀신들의 공격 전략을 드러내는 별명이다. 그러므로 당신이 미혹의 영에 대해 아는 게 별로 없다면 이미 속고 있다고 보면 된다. 성경은 창세기부터 요한계시록까지 귀신과의 영적 전쟁에 대해 기록하고 있다. 그러나 미혹의 영에게 접수당한 우리네 교회는 귀신 이야기를 입 밖으로 내는 것을 두려워하고 있다. 이렇게 귀신을 두려워하는 교회가 어떻게 하나님이 함께하시는 교회이겠는가? 미혹의 영의 전략은 하나님으로부터 사람들을 떼어 내는 것이다.

　하나님은 죄를 미워하시며 죄인을 가까이하실 수 없는 분이므로 죄의 덫을 놓고 죄에 걸려들게 만들어서 하나님으로부터 분리시키고 있다. 그러므로 사람들로 하여금 하나님이 싫어하시는 죄에 대해 무지하게 만드는 게 그들의 전략인 셈이다. 그들의 전략은 지금까지 훌륭한 성공을 거두었다. 그래서 거의 대부분의 교인들은 죄에 대해 경각심이 없으며 죄를 부추기는 귀신들에 대해 아는 바가 없다. 그렇다면 성경 지식에 해박한 우리네 교인들이 왜 이렇게 속수무책으로 당하고 있는지 찬찬히 살펴보자.

성경 지식이 해박한 것과 귀신에 대해 잘 아는 것과는 별개의 일이다. 왜냐면 미혹의 영은 맞춤형 공격을 하여 속이기 때문이다. 즉, 성경 지식이 해박한 사람들에게는 왜곡된 성경 지식을 넣어 속인다. 그 대표적인 예가 바로 바리새인과 서기관들이었다. 그들은 구약성경을 암송하여 백성들에게 가르쳤다. 당시에는 지금처럼 종이도 없었고 인쇄술도 없었던 때이므로 나일강에서 나는 갈대인 파피루스나 양가죽으로 만든 양피지 혹은 진흙으로 서판을 만들어 글자를 썼다. 그러므로 성경을 가르치려면 죄다 암송할 수밖에 없었다. 그러나 그들은 자신들의 성경 지식을 예수님을 옭아매는 도구로 사용했다. 그들에게 해박한 성경 지식은 자신의 의를 드러내는 도구이자 종교지도자가 된 훈장이었다.

이 시대의 우리네 종교지도자들도 마찬가지이다. 자의적으로 해석한 성경 지식을 하나님의 것처럼 가르치고 순종을 강요하고 있다. 그래서 기적으로 존재감을 드러내는 말씀의 능력이 없이, 이성적이고 합리적이며 상식적으로 변질시켜 관념적이고 사변적인 지식으로 머리에 쌓아 두고 있을 뿐이다. 이는 미혹의 영이 성경 지식이 해박한 신학자들과 목회자들을 속이는 데 성공했기 때문이다. 그러면서 교인들이 싫어하는 죄에 대한 가르침을 멀리하며 격려와 위로, 덕담과 세속적인 축복만을 쏟아부으며 교인들에게 인정받고 싶어 할 뿐이다. 그렇다면 성경은 미혹의 영에 대해 무엇이라고 말하고 있는지 살펴보자.

미혹의 영에 대한 성경의 기록

> 내가 보니 여호와께서 그 보좌에 앉으셨고 하늘의 만군이 그 좌
> 우편에 모시고 서 있는데 여호와께서 말씀하시기를 누가 아합을
> 꾀어 저로 길르앗 라못에 올라가서 죽게 할꼬 하시니 하나는 이렇
> 게 하겠다 하고 하나는 저렇게 하겠다 하였는데 한 영이 나아와
> 여호와 앞에 서서 말하되 내가 저를 꾀겠나이다 여호와께서 저에
> 게 이르시되 어떻게 하겠느냐 가로되 내가 나가서 거짓말하는 영
> 이 되어 그 모든 선지자의 입에 있겠나이다 여호와께서 가라사대
> 너는 꾀겠고 또 이루리라 나가서 그리하라 하셨은 즉 이제 여호와
> 께서 거짓말하는 영을 왕의 이 모든 선지자의 입에 넣으셨고 또 여
> 호와께서 왕에게 대하여 화를 말씀하셨나이다 (왕상 22:19~23)

위의 구절에는 하나님께서는 천군 천사들이 시립한 어전회의에서 아합
을 죽이시기로 결심하시면서 그 계책을 묻고 있다. 그러자 한 영이 거짓말
하는 영이 되어서 모든 선지자의 입에 들어가서 속이겠다고 그 계책을 말
하고 있다. 그의 계략은 성공을 거두어 당시 이스라엘의 400여 명의 선지
자의 입에 들어가서 속이고 있다. 그 거짓말을 넣어 준 영이 바로 미혹의
영이 분명하다.

> 우리는 하나님께 속하였으니 하나님을 아는 자는 우리의 말을 듣
> 고 하나님께 속하지 아니한 자는 우리의 말을 듣지 아니하나니 진

리의 영과 미혹의 영을 이로써 아느니라 (요일 4:6)

**이러므로 하나님이 미혹의 역사를 그들에게 보내사 거짓 것을 믿
게 하심은 진리를 믿지 않고 불의를 좋아하는 모든 자들로 하여
금 심판을 받게 하려 하심이라 (살후 2:11, 12)**

위의 말씀은 하나님께서 미혹의 역사를 직접 보내신다고 밝히고 있으며
하나님께 속하지 않는 자는 하나님의 뜻에 순종하지 않은 사람들이며 미혹
의 영의 포로로 잡힌 자들이라고 밝히고 있다. 미혹의 영이란 속이는 영이
라는 뜻으로 사람의 머리를 타고 앉아 자신의 생각을 넣어 속이는 것을 주
계략으로 삼는 악한 영으로 주로 고급영인 마귀들을 일컫는다. 그러나 아
쉽게도 우리네 교회는 귀신 이야기조차 하기 어려워하므로 미혹의 영의 정
체나 공격에 대해 배울 수 없는 게 우리가 마주한 차가운 현실이다.

**그러므로 성령이 이르신 바와 같이 오늘 너희가 그의 음성을 듣거
든 광야에서 시험하던 날에 거역하던 것 같이 너희 마음을 완고하
게 하지 말라 거기서 너희 열조가 나를 시험하여 증험하고 사십 년
동안 나의 행사를 보았느니라 그러므로 내가 이 세대에게 노하여
이르기를 그들이 항상 마음이 미혹되어 내 길을 알지 못하는도다
하였고 내가 노하여 맹세한 바와 같이 그들은 내 안식에 들어오지
못하리라 하였다 하였느니라 (히 3:7~11)**

모세의 인도로 애굽을 떠난 이스라엘 백성들이 성인 남자만 60만 명으로

여자들과 어린 아이들을 합쳐서 약 200만 명 가까이 되었을 것이다. 그들이 애굽을 떠나면서 하나님의 위력을 목격했다. 홍해가 갈라지고 매일 만나가 내려오고 구름기둥과 불기둥으로 인도하시는 하나님의 실재를 말이다. 그러나 그들 대부분이 지옥에 던져진 게 기이하지 않은가? 하나님의 기적을 수도 없이 보면서도 어떻게 하나님을 원망하고 불평하고 끊임없이 부정적인 말을 쏟아 낼 수 있는가? 땅이 갈라져서 수천 명이 몰살을 당하고 불뱀이 내려와서 수만 명이 죽어 나가는 현장을 목격하면서 말이다. 이렇게 하나님의 능력을 두 눈으로 목격하고 두려움에 떨면서도 어떻게 하나님을 원망하고 불평하는 죄악을 저지를 수 있는가? 그 이유가 바로 미혹의 영이 이스라엘 백성들을 미혹시킨 결과라고 성경에서 콕 집어서 말하고 있다. 미혹의 영은 사람들의 머리를 타고 앉아 끊임없이 부정적인 생각을 넣어 하나님께 죄를 짓게 만들었으며 이들은 계략은 성공하여 그들 대부분이 전부 지옥의 불에 던져졌다. 끔찍하고 섬뜩한 일이다.

미혹의 영이 공격하는 것을 보여 주는 성경의 사례

미혹의 영은 머리를 타고 앉아 자신의 생각을 넣어 주어 속이는 악한 영의 이름이다. 모든 귀신들이 속이는 전략을 사용하고 있지만 미혹의 영이라고 이름 붙인 악한 영은 마귀라고 불리는 고급영이다. 그보다 하급 귀신들은 미혹의 영이 정신을 장악하자마자 사람의 육체에 잠복해서 고질병에 걸리게 한다. 이 사실을 알았다면 자다가도 극한 공포에 몸서리치면서 깨어날 것이다. 다시 한번 말하지만 미혹의 영은 속이는 것을 주 무기로 하는 귀신들이다. 그러므로 그들은 자신들의 정체나 계략을 사람들이 알아채지 못하게 교묘하게 공격한다.

> 마귀가 벌써 시몬의 아들 가룟 유다의 마음에 예수를 팔려는 생각을 넣었더라 (요 13:2)

> 예수께서 돌이키시며 베드로에게 이르시되 사탄아 내 뒤로 물러가라 너는 나를 넘어지게 하는 자로다 네가 하나님의 일을 생각하지 아니하고 도리어 사람의 일을 생각하는도다 하시고 (마 16:23)

이 2가지 사건이 미혹의 영이 공격하는 기본적인 사례이다. 가룟 유다에게는 예수님에 대한 실망감과 배신감의 생각을 넣고 급기야는 스승을 팔려는 생각까지 품게 된다. 그러나 그는 자신의 생각이 미혹의 영이 넣어 준 생각인 것을 전혀 깨닫지 못했다. 나중에 예수님께서 떡을 초에 찍어 주는 사람이라고까지 콕 집어서 말해 주었지만 그는 자신의 결심을 바꿀 생각이 결코 없었다. 이미 미혹의 영이 생각을 장악해서 거미줄에 걸린 나비처럼 생각을 마비시켰기 때문이다. 또한 베드로의 경우도 생각해 보자. 그 역시 예수님의 선포에 어안이 벙벙해지며 '그렇다면 나는 무엇이 되는가?'라는 허망함과 절망감이 엄습해 온다. 이때 예수님께서 미혹의 영인 사탄을 쫓아 주지 않았더라면 그 역시 사탄의 공격 앞에 속수무책으로 당했을 것이다. 이 두 명의 사례가 미혹의 영이 공격하는 기본적인 사건이다. 성령께서는 필자에게 가룟 유다가 사탄에게 당한 이유는 기도를 하지 않았기 때문이라고 말씀해 주셨다.

> 우리의 싸우는 무기는 육신에 속한 것이 아니요 오직 어떤 견고한
> 진도 무너뜨리는 하나님의 능력이라 모든 이론을 무너뜨리며 하
> 나님 아는 것을 대적하여 높아진 것을 다 무너뜨리고 모든 생각을
> 사로잡아 그리스도에게 복종하게 하니 너희의 복종이 온전하게
> 될 때에 모든 복종하지 않는 것을 벌하려고 준비하는 중에 있노
> 라 (고후 10:4~6)

> 아무 것도 염려하지 말고 다만 모든 일에 기도와 간구로, 너희 구
> 할 것을 감사함으로 하나님께 아뢰라 그리하면 모든 지각에 뛰어
> 난 하나님의 평강이 그리스도 예수 안에서 너희 마음과 생각을 지
> 키시리라 (빌 4:6, 7)

미혹의 영이 넣어 주는 생각은 하나님의 뜻에 순종하지 않는 죄이다. 현
행법을 위반하는 죄나 비도덕적인 죄도 포함하지만 하나님이 싫어하시는
모든 것이 바로 죄이다. 그래서 성경에는 마음과 육체가 원하는 것들이 바
로 하나님이 싫어하시는 죄라고 밝히 말씀하시는 이유이다. 그러나 대다
수의 사람들은 미혹의 영이 넣어 준 생각을 자신의 생각, 하나님의 생각이
라고 착각하고 죄를 밥 먹듯이 짓고 살아가고 있으니 기가 막힌 일이다. 미
혹의 영의 공격이 무서운 것은 일단 귀신의 생각을 받아들이면 머릿속에서
증폭이 되어 사라지지 않는다는 데 있다. 그래서 그러한 생각을 뿌리치려
고 노력하지만 집요하게 달라붙어 떨어지지 않는다. 그런 사람들은 특징이

고집이 세고 자기중심적이며 교만하고 감정의 기복이 심하다. 자기 생각에 붙잡혀서 남의 이야기를 들으려 하지 않고 상대방의 생각을 유연하게 받아들이지 않으며 자신의 주장이 옳다는 것을 굽히지 않는다. 또한 분노가 일어나면 절제가 되지 않는 분노조절 장애를 가진 이들도 마찬가지이다. 성경은 우리의 마음이 부패되었으며 마음에서 나오는 생각을 믿어서는 안 된다고 가르치고 있지만 우리네 교인들은 마이동풍이다. 그래서 성경적인 믿음을 자기의 것이라고 착각하고 종교적인 사람이 되어 자기 의와 자기만족으로 신앙생활을 하고 있다. 이런 사람들은 죄다 미혹의 영에 사로잡혀 포로가 된 사람들이다.

미혹의 영의 덫에 걸린 사람들의 특징

여호와께서 이르시되 가서 이 백성에게 이르기를 너희가 듣기는 들어도 깨닫지 못할 것이요 보기는 보아도 알지 못하리라 하여 이 백성의 마음이 둔하게 하며 그들의 귀가 막히고 그들의 눈이 감기게 하라 염려하건대 그들이 눈으로 보고 귀로 듣고 마음으로 깨닫고 다시 돌아와 고침을 받을까 하노라 (사 6:9, 10)

대저 여호와께서 깊이 잠들게 하는 영을 너희에게 부어 주사 너희의 눈을 감기셨음이니 그가 선지자들과 너희의 지도자인 선견자들을 덮으셨음이라 그러므로 모든 계시가 너희에게는 봉한 책의 말처럼 되었으니 그것을 글 아는 자에게 주며 이르기를 그대에게 청하노니 이를 읽으라 하면 그가 대답하기를 그것이 봉해졌으니 나는 못 읽겠노라 할 것이요 또 그 책을 글 모르는 자에게 주며 이르기를 그대에게 청하노니 이를 읽으라 하면 그가 대답하기를 나는 글을 모른다 할 것이니라 주께서 이르시되 이 백성이 입으로는 나를 가까이하며 입술로는 나를 공경하나 그들의 마음은 내게서 멀리 떠났나니 그들이 나를 경외함은 사람의 계명으로 가르침을 받았을 뿐이라 그러므로 내가 이 백성 중에 기이한 일 곧 기이하고 가장 기이한 일을 다시 행하리니 그들 중에서 지혜자의 지혜가 없어지고 명철자의 총명이 가려지리라 (사 29:10~14)

위의 두 구절은 미혹의 영을 보낸 사람이 바로 하나님 자신이라고 밝히고 있다. 천국에 들일 백성들의 믿음을 테스트해서 합격한 사람들만을 들이시겠다는 생각이시다. 그렇다면 누가 미혹의 영의 공격을 받아 눈이 잠기고, 귀가 들리지 않고, 마음으로 깨닫지 못하는 사람일까? 그 사람들은 입으로는 하나님을 공경하나 마음은 떠난 사람이고 하나님이 아닌 사람의 가르침을 따르는 사람이라고 정확하게 말씀하시고 계시다.

때가 이르리니 사람이 바른 교훈을 받지 아니하며 귀가 가려워서 자기의 사욕을 따를 스승을 많이 두고 또 그 귀를 진리에서 돌이켜 허탄한 이야기를 따르리라 (딤후 4:3, 4)

그렇다면 미혹의 영의 포로가 된 사람들의 특징은 무엇인가? 바로 바른 교훈을 받지 않고 유익을 말해 주는 삯꾼 목자를 따라서 자기의 욕심을 추구하며, 입으로는 하나님을 공경한다고 말하지만 실상은 자신의 이익을 따르는 사람들이다. 즉, 이들의 속내와 목적, 동기는 하나님의 뜻이 아니라 자신이 원하는 것, 자신이 기뻐하는 것이며 그들은 자기 자신이 하나님의 자리를 대신해서 섬김을 받고 싶어 한다. 이런 사람은 항상 자신이 주어가 되어 말을 하는 것이 특징이다. 그래서 가르침을 들어도 하나님의 뜻이 아니라 자신의 느낌이나 은혜를 따라 판단하고 성경의 근거가 아니라 자신의 생각이나 자신이 원하는 잣대로 판단한다. 그러나 이들의 속내는 미혹의 영이 교묘하게 속여서 감추어져 있으며 자신도 인지하지 못하고 있음은 물론이다. 그렇다면 미혹의 영이 조종하는 사람의 특징을 찬찬히 살펴보자.

미혹의 영이 조종하는 사람의 첫 번째 특징은 자기 의, 자기 만족, 자기 확신, 자기 연민, 자기 자랑으로 꽉 차 있는 사람이다. 말하자면 이들은 무척이나 교만한 사람이다. 교인들 중에도 겉으로는 겸손한 척하여도 영적 교만으로 똘똘 뭉친 이들이 적지 않다. 교만한 사람이 윗사람이면 사사건건 아랫사람에게 불똥이 튈 것이며 교만한 이가 아랫사람이라면 겉으로 순종하는 척하여도 속으로는 여간해서 순종하지 않을 것이다. 자기 의가 꽉 차 있기 때문이다. 자기 의란 자기가 옳다는 생각이며 자신의 말이나 행위가 인정받아야 하며 칭찬 받아야 한다고 생각한다. 그래서 자신의 의에 도전하는 사람들을 미워하며 정죄하고 판단하며 비난하고 싫어한다. 말하자면 이런 경우에 거스르는 생각이 올라오고 화가 나거나 억울해하기 일쑤이다. 그래서 높고 영향력을 끼치는 자리에 있으면 대놓고 분노를 폭발시키거나 자신의 지위를 이용하여 불이익을 주어서 사과와 용서를 받아 내야 직성이 풀린다. 물론 자신이 옳고 타인이 잘못할 수도 있다. 그런 경우에도 그들의 잘못을 용서하지 못하거나 그들의 부족함과 연약함을 감싸 주고 이해하고 배려하지 못한다. 이런 일이 생기는 이유는 미혹의 영이 생각을 사로잡아 조종하기 때문이며 자신과 타인의 말과 행동을 오로지 자신의 생각이나 느낌으로 판단한다. 자신이 항상 옳다고 생각하기 때문이다. 그래서 이들은 자신의 문제를 인지하지 못하기 때문에 아무리 지혜로운 충고나 조언을 해 주어도 받아들이지 않는다. 이들의 판단의 자리에 하나님이 아니라 자기 자신이 있기 때문이다. 말하자면 자신을 우상으로 섬기고 있는 셈이다.

미혹의 영이 조종하는 사람의 두 번째 특징은 하나님과 깊고 친밀한 교제를 나누는 기도의 삶이 없으며 말씀을 가까이하여 늘 하나님의 뜻에 대한 깨달음으로 행하여 풍성한 열매를 거두는 것이 없는 사람이다. 말하자면 쉬지 않는 기도의 습관과 규칙적으로 말씀을 읽는 습관이 없는 사람이 바로 미혹의 영이 조종하는 사람이다. 미혹의 영은 하나님을 만나지 못하게 집요하게 공격을 한다. 그래서 목회자들은 사역에 바빠서 하나님을 만나지 못하게 하고 평신도들은 돈을 벌어서 쌓아 두거나 돈을 쓰면서 육체의 쾌락을 즐기는 데 몰두하게 만든다. 설령 기도하고 성경을 읽더라도 형식적이거나 의무적인 종교 행위에 불과하며 깊고 친밀하게 성령과 교제하는 삶에 무지하다. 그러므로 이들이 교회에서 지위가 높고 신앙의 연륜이 많더라도 조심하고 가까이하지 말아야 한다.

세 번째, 미혹의 영이 조종하는 사람은 감정의 기복이 심하고 충동적으로 말하거나 행동하며 남의 말을 듣지 않고 고집이 세며 자기중심적이다. 특히 감정의 기복이 심하여서 어떤 행동을 할지 예측을 할 수 없기에 가족이나 주변 사람들이 불안해하며 잘못을 쉽게 잊고 습관적으로 반복하기 때문에 스트레스나 상처를 많이 받게 된다. 왜냐면 미혹의 영이 머리를 타고 앉아 생각이나 느낌을 조종하기 때문이다.

네 번째, 미혹의 영은 각종 정신질환, 체질이나 유전병, 가족력, 타고난 성품, 지적 능력 등에 지대한 영향을 끼친다. 또한 원인을 알 수 없는 지적 장애나 발달 장애, 자폐증 등에 원인제공을 하고 있다. 원래 미혹의 영은 생각을 통해 속이기 때문에 뇌를 장악하고 속이며 뇌를 병들게 한다. 뇌가 병든 사람들이 정신질환이며 중독자들이고 지적 장애나 발달 장애를 가진 사람들이 정신지체자이다. 또한 타고난 성품이나 체질, 가족력이나 유전병 등은 염색체와 밀접한 관계가 있다. 성령께서 필자에게 미혹의 영이 뇌를 장악하고 DNA를 조종한다고 말씀하셨다. 그러므로 이런 사람들이 미혹의 영에 점령당하고 있다고 보아야 할 것이다.

미혹의 영은 가정을 공격하여 분열시킨다

필자의 사역은 성령이 내주하는 기도훈련이지만 필연적으로 귀신의 공격을 피할 길 없다. 왜냐하면 귀신들은 성령이 그분의 임재를 간구하며 전심으로 기도하는 사람 안에 들어오시는 것을 필사적으로 막으려 하기 때문이다. 그래서 그동안 귀신에 대한 정체와 활동성, 공격, 나갈 때의 증세 그리고 쫓아내는 기도의 방식에 대해 적지 않은 칼럼을 올렸다. 물론 이 같은 지식이나 정보는 성령께서 필자에게 말씀해 주신 내용을 바탕으로 그동안 수백 명의 귀신이 잠복해 있는 사람들에게서 귀신을 쫓아내면서 얻어 낸 경험이다. 그러나 필자가 어떤 얘기를 하더라도 진지하게 듣는 이들은 많지 않다. 귀신은 눈에 보이지 않고 귀에 들리지 않으며 과학적인 방법으로 증명되지 않는 영적 존재이기 때문이다. 또한 그동안 세상에서와 교회에서 잘못된 정보를 저장해 놓고 있는 것도 필자의 얘기를 믿으려 하지 않는 이유이기도 하다. 필자가 얘기하는 것은 지금까지 들은 적이 없었던 내용들이 태반이기 때문이다. 어쨌든 필자가 소설 같은 얘기를 퍼트려서 주목을 받으려고 하는 것이 아니다. 정신질환과 고질병 그리고 세상에서 해결할 수 없는 삶의 문제를 해결해 주겠다고 공언하고, 필자를 찾아온 사람들에게서 기도훈련을 시키는 과정에서 드러난 팩트이므로 필자의 얘기가 사실인지 확인하는 것은 그리 어렵지 않다. 영성학교에 오면 이를 눈으로 보고 체험한 사람들이 부지기수이기 때문이다. 그래서 오늘은 귀신들이 가정을 장악하고 지배하면서 일어난 실제상황을 바탕으로 그들의 공격 유형을 알아보겠다.

성령께서 필자에게 가정구원사역을 하라는 말씀을 하셨었는데, 필자는 처음에 가정구원사역이 부부 관계나 자녀 관계를 회복시키는 일인 줄 알았다. 왜냐하면 가정구원사역은 처음 듣는 말이었기 때문이다. 그러나 나중에 다른 말씀을 통합해서 유추해 보니 가정구원사역은 가정 단위로 공격하는 악한 영들과 싸워서 쫓아내어 가족들을 구원하라는 내용이었다. 귀신들은 가정 단위로 공격하고 가족 구성원에게 들어가서 잠복하기 때문에 가정이 몰락하고 초토화되는 것이다. 그러나 처음에는 이 말씀을 실제로 겪지 않고는 믿을 수도 없었고 구체적으로 어떻게 공격이 진행되는지 알 수 없는 노릇이었다. 그러고 있던 중 성령께서 필자의 친인척 중 두 가정을 콕 집어, 그 가정에 귀신들이 창궐하고 있으니 조심하라는 말씀을 하셨다. 그래서 그 가정의 상황을 좀 말씀드리겠다.

한 인척은 3남 1녀의 자녀를 둔 가정이다. 아버지는 일찍이 대장암으로 돌아가셨고 큰아들은 대학교를 졸업하고 출가하여 중이 되었고 둘째는 어릴 때부터 차별을 당한 앙심으로 가족들과 절교를 선언하고 혼자 살면서 결혼하여 가정을 이루었다고는 하는데 나중에 자살했다는 소식이 들렸다. 혼자 남은 어머니와 결혼한 막내아들이 함께 살게 되었는데, 막내며느리와의 불화로 그 어머니와 막내아들 부부는 지금 따로 살고 있다. 이 가정이 귀신들이 공격하여 몰락하고 있는 전형적인 모습이다. 다른 인척의 가정은 무당을 지극정성으로 섬기는 가정이다. 한때는 사업이 번창하여 운전기사를 둘 정도로 부자였다. 그러나 어느 날 갑자기 사업이 망해서 야반도주를 하였다. 큰아들은 어릴 적부터 교도소를 들락날락하였으며 결혼하여서는 아들을 두었는데 큰아들이 이혼하자 그의 아들은 조부모가 키우고 있다. 큰아들은 등이 굽는 불치병이 들어 늙은 부모님 곁에서 빌붙어 살고 있다. 어머니는 환갑이 넘은 나이에도 파출부를 하며 근근이 살아가고 있으며 아버지는 사업실패 후에 실의에 차서 두문불출하며 인생의 황혼기를 지옥과 같은 시간으로 보내고 있다. 성령께서는 이 두 가정을 콕 집어서 조심하라고 말씀해 주셨다. 실제적으로 이 두 가정은 필자가 어머니와 같이 살 때

자주 왕래하였는데 필자 부부와 어머니 사이를 이간질하거나 필자가 어머니와 관계가 악화되는 것을 고소하게 여기는 행태를 보였다. 그래서 필자 부부는 이 인척들이 방문하게 될 때는 인사를 하는 둥 마는 둥 하며 집 밖으로 피신하였다. 이 두 가정의 특징은 무당이나 타 종교를 섬기는 정도가 다른 인척들과 비교되지 않을 정도로 심하다. 결국 귀신들은 자신들을 잘 섬기는 가정에 들어가서 그 가족들에게 잠복하여, 가정을 몰락시킨다는 것을 알 수 있다.

필자의 가정은 기독교를 믿는 집안이 아니었고 필자가 처음으로 교회에 다니게 되어 하나님을 섬기는 가정을 이루었다. 지금은 어머니도 하나님을 믿고 있으며 누이도 영성학교에 다니고 있다. 최근에 동생도 영성학교에 와서 기도훈련을 시작했다. 누이와 동생이 필자가 하는 기도훈련을 하게 된 계기는 그들의 삶이 고단하고 팍팍해서이다. 말하자면 귀신들이 인생을 탈탈 털고 영혼을 고통스럽게 한 탓이다. 그러나 불행한 삶이나 가정의 몰락이 귀신 때문이라고 인정하는 사람들이 몇이나 될까? 가정의 몰락이 귀신이 가족 구성원에게 잠복하여 삶을 지배하기 때문이라는 주장을 증명하려면 귀신을 쫓아내면서 가정이 회복되는 것으로 보여 주어야 할 것이다.

필자가 충주에 영성학교를 연 지 만 5년이 되었다. 그간 천 명이 넘는 분들이 영성학교를 찾아왔고 수백 명이 기도훈련에 실제 참가하였으며 기도훈련을 끝내고 가족들과 함께 영성학교를 섬기는 이들도 백오십 명이 넘었다. 그러므로 이 기도를 통해 가정에 어떤 변화가 생겼는지 확인해 보면 알게 될 것이다. 물론 이 기도를 시작하면 남은 가족들의 반대가 극심하다. 남편이 아내에게 '이혼하자.'라는 말로 전쟁이 시작될 정도이다. 부모들의 반대가 혹독한 가정도 적지 않다. 중학생 이상이 된 자녀들은 영성학교에 오지 않겠다고 드센 반항을 하고 있다. 가족들만 반대를 하는 것은 아니다. 고질병이 도지고 이미 나았다고 생각한 질병이 다시 시작된다. 평소에 건강했던 사람도 여기저기 아프기 시작해서 응급실에 실려 나가 입원하는 일이 비일비재하다. 그래서 기도를 시작하고 한 달이 채 되지 않아서 두 손을 번쩍 들고 총총걸음으로 떠나는 이들도 적지 않다. 그러나 참고 인내하며 시간이 지나면 고질병이 회복되고 쇠약한 몸이 건강하게 되며 가족들의 반대가 수그러지고 반대하던 가족들이 영성학교에 찾아오기 시작한다. 재정 문제가 해결되는 등 지난한 삶의 문제가 하나둘씩 회복되기 시작한다. 물론 여전히 완전하게 문제가 해결되지 않은 가정들도 있다. 그러나 적어도 처음 시작할 때와 비교할 수 없을 정도로 회복세가 완연하다. 특히 자녀들이 정신분열, ADHD, 틱 장애 등으로 마음고생을 하며 찾아온 가정들의 자녀들이 완치가 되고 정상으로 돌아왔다. 물론 아직도 넘어야 할 산이 있지만 말이다. 이렇게 귀신들은 가정 단위로 공격하여 가족들의 삶을 불행의 수렁에 빠뜨려서 지옥을 경험하게 하다가 지옥으로 던져지게 하는 무서운 놈들이다.

그렇다면 가정이 어떻게 분열되는가? 먼저 부부 간의 성격 차이로 인한 불화가 이혼의 으뜸 되는 사유이다. 그렇다면 이는 사람 속에 미움과 분노를 넣어 싸움을 부추기는 악한 영의 계략이 아닌가? 미움과 시기, 질투, 분노, 짜증, 싸움 등은 사악한 죄이다. 그러므로 죄의 덫을 놓고 걸려들게 만드는 악한 영들의 정체와 공격에 무지해서 말려들었기 때문이다. 또한 사업과 투자의 실패로 인한 악성 부채와 극심한 가난도 이혼의 주된 사유이다. 그렇다면 사업과 투자의 실패의 원인은 무엇인가? 이는 탐욕과 조급함, 무지와 어리석음의 산물이다. 이 역시 하나님이 싫어하시는 죄이다. 이는 물질만능주의에서 비롯된 맘몬의 영을 주인으로 섬겼기 때문이다. 고질병과 정신질환으로 집안이 쑥대밭 되는 것은 흔한 일이다. 상당수의 고질병과 모든 정신질환의 원인은 귀신들의 소행이다. 그러므로 가정이 몰락하는 원인은 악한 영들의 공격에 속수무책으로 당했기 때문이다. 그러나 아쉽게도 하나님을 모르는 세상 사람들은 말할 것도 없고 하나님을 믿는 크리스천들도 가정이 몰락하면서 가슴을 쥐어뜯는 이들이 어디 한둘인가? 전부 종교적인 신앙생활이 빚어진 무능하고 무기력한 모습이다. 어떻게 해야 가정이 회복되고 행복하고 형통한 삶을 살 수 있는가? 해결책은 단순하다. 가정을 파괴하는 악한 영들과 싸워 이기는 능력을 얻어야 할 것이다.

> **우리의 씨름은 혈과 육을 상대하는 것이 아니요 통치자들과 권세들과 이 어둠의 세상 주관자들과 하늘에 있는 악의 영들을 상대함이라 (엡 6:12)**

성경은 이 세상을 지배하며 통치하는 존재가 하나님이 아니라 악한 영이라고 소개하고 있다. 성경이 바로 그들을 세상의 임금이며 세상의 신이라고 칭하고 있다. 그들은 통치와 권세를 지니고 세상을 지배하고 다스리고 있다. 그러나 당신은 이런 가르침을 교회에서 들어 본 적이 별로 없을 것이다. 이런 말씀이 성경에 있다는 것이 기이하지 않은가? 우리네 교회에서는 하나님의 자녀들에게 어떻게 악한 영이 공격할 수 있냐면서 손사래를 치고 있다. 그렇다면 왜 하나님의 자녀들이 무능하고 무기력한 믿음으로 고단하고 꽉꽉하게 사는지 누가 그 이유를 속 시원하게 말해 줘 보시라.

교인들의 가정이 깨지고 집안이 몰락하는 일도 세상 사람들과 다르지 않다. 아니, 악한 영들이 우리네 교회의 하나님의 자녀들에게 잠복하고 공격하지 않는다면 왜 이런 가슴 아프고 고통스러운 일이 일어나는가? 가정이 깨지는 고통을 겪고 있는 당신에게 필요한 것은 덕담이나 위로가 아니라 이 문제를 해결할 수 있는 해결책이 아닌가?

필자를 찾아온 사람들의 상당수가 가정이 깨지거나 무너지고 있는 중에 있는 사람들이었다. 필자가 하는 사역은 단순하다. 성령이 내주하는 기도훈련을 하는 것이다. 성령이 들어오셔서 사람들이 악한 영의 정체를 깨닫고 이들의 공격에서 싸워 이기는 영적 능력을 기르는 훈련이다. 이들은 이 기도훈련을 하면서 가정을 파괴하고 삶과 영혼을 파괴하는 악한 영의 실체에 대해 또렷이 보게 된다. 그리고 어떻게 해야 악한 영들과 싸워 이기는지를 배우고 있다. 이들이 기도훈련을 통해 영적 내공을 쌓으면서 무너진 가정들이 회복되는 것을 체험하고 있다. 또한 부부와 자녀들의 생각을 조종하고 지배하고 있던 실체가 속속히 드러나고 피 터지는 싸움이 시작된 가정도 있다.

물론 싸움의 한가운데 있는 가정은 고통스럽고 힘들겠지만 시간이 지나면 회복된 가정들의 반열에 동참하게 될 것이다. 왜냐면 하나님을 이기는 악한 영들은 결코 없기 때문이다. 그러나 대다수의 우리네 교인들은 이런 사실에 대해 무지하다. 하나님을 잘 알고 있다고 여기지만 악한 영의 정체와 공격에 대해 무지하다는 게 말이 되는가? 영적 세계에서는 하나님의 진과 악한 영의 무리들이 사람들의 영혼을 사이에 두고 질펀한 싸움을 벌이고 있다. 그런데 아군은 잘 아는데 적군을 잘 모른다는 게 말이 되기나 하는가? 어쨌든 가정이 몰락하는 원인은 악한 영의 정체와 공격에 대해 무지하기 때문이며, 가정을 회복하고 행복한 삶을 되찾으려면 악한 영과 싸워 이기는 영적 능력을 갖추어야 한다. 즉, 하나님이 안에 들어오셔서 다스리시고 통치하시는 하나님의 나라가 이루어져야 한다. 그렇게 되기 위해서 쉬지 않고 기도하는 습관을 들여서 영적 내공을 쌓아야 할 것이다. 기도하지 않는 가정은 몰락하는 것은 물론이고 결국에는 가족들이 모두 지옥 불에 던져지게 될 것이다.

미혹의 영의 공격 수단

I. 생각

미혹의 영이 가장 많이 사용하는 속임수가 바로 생각이다. 그들은 사람들의 머리를 타고 앉아 자신들의 생각을 넣어 주어 속이고 있다. 그러나 이 사실을 아는 사람이 우리네 교회에 몇 명이나 있는가? 우리네 교회지도자들은 귀신들이 크리스천들에게 절대로 범접할 수 없다고 손사래를 치고 있다. 그러나 그 놈들은 예수님 앞에서 베드로와 가룟 유다를 농락한 놈들이다. 이러한 일은 하나님께서 허락하신 일이라는 것을 잊지 마시라. 당신의 생각이 미혹의 영이 주는 생각인지 자신의 생각인지 분별하는 능력이 없다면, 당신은 이미 미혹의 영에 속고 있다고 보면 된다. 성령께서는 대부분의 우리네 교회지도자들이, 미혹의 영에게 속고 있고, 대부분의 우리네 교인들이 미혹의 영의 지배를 받고 있다고 말씀하셨다. 그래서 성경의 약속을 경험하지 못하고 성령의 능력이 없이 무능하고 무기력하게 살아가는데도 자신은 구원을 받았고 성령이 있다고 철석같이 믿고 있다.

2. 느낌(감정)

미혹의 영이 속이는 것이 바로 느낌이나 감정이다. 기도할 때 눈물이 펑펑 쏟아지면 은혜를 받았다고 기뻐한다. 덕담이나 위로, 격려 등 자신이 원하는 설교를 듣게 되면 은혜를 받았다고 즐거워하고 있다. 우리가 고난과 어려움 중에 있을 때 하나님이 격려해 주시고 위로해 주시는 것은 사실이다. 그러나 그 감정과 느낌이 하나님으로부터 온 것인지 어떻게 확신할 수 있는가? 만일 그동안 받았던 은혜나 위로가 성령이 주시는 것이었다면 당신은 이미 성령의 사람이 되어 있어야 할 것이 아닌가? 특히 감정이나 느낌에 취약한 여성들에게 미혹의 영은 자기 연민의 감정을 넣어 주어 속이는 데 천재이다. 성령께서 자기 연민은 귀신의 수작이라고 말씀하셨다. 자기 연민은 자기를 사랑하는 우상 숭배이기 때문이다.

3. 은사

미혹의 영이 가장 많이 속이는 공격이 바로 성령의 은사인 것처럼 감쪽

같이 속이는 것이다. 구약에 등장하는 거짓 선지자가 바로 미혹의 영이 넣어 주는 영음을 하나님이 주신 것으로 착각하고 속아 넘어간 사람이다. 그렇다면 미혹의 영이 예언의 은사만 속이겠는가? 우리네 교인들은 방언을 하는 것이 성령이 임재했다는 증거라고 철석같이 믿고 있다. 이는 마가의 다락방에서 사도들이 받은 은사이기 때문이다. 그러나 사도들이 방언만 하고 끝났는가? 그들은 귀신을 쫓아내고 고질병을 고치면서 영혼을 구원하고 제자를 양육했다. 그러나 우리네 교인들은 출처를 알 수 없는 방언만 주구장창 하면서 자신에게 성령이 내주함을 믿어 의심치 않고 있으니 기이한 일이다.

귀신을 쫓는다는 사역자들도 귀신 들린 사람에게서 소리를 지르고 뻗대는 현상만 일어나면 귀신이 나갔다고 선포하고 있다. 그러나 성경을 보라. 귀신을 쫓아내는 동시에 고질병과 정신질환이 낫고 있다. 그러나 축사사역자들은 귀신들이 속이는 동작과 현상에 넘어가고 있으니 기가 막힌 일이다. 그래서 집에 돌아가면 예전의 귀신 들린 현상이 반복되고 있다. 내적치유를 하는 이들도 귀신들에 속고 있다. 성경은 십자가에서 흘리신 보혈의 능력만으로 모든 질병이 낫는다고 선포하고 있다. 그러나 내적치유자들은 열광적인 집회 분위기를 띄우고 특정한 기도문을 외치라고 하거나 바가지를 깨뜨리고 편지를 태우는 등의 퍼포먼스를 하고 있으니 기가 막힌 일이다. 이것들은 심리적인 기법을 동원하는 세속적인 방법의 심리치유와 다를 게 없다.

4. 신비롭고 기이한 현상

> 악한 자의 나타남은 사탄의 활동을 따라 모든 능력과 표적과 거
> 짓 기적과 불의의 모든 속임으로 멸망하는 자들에게 있으리니 이
> 는 그들이 진리의 사랑을 받지 아니하여 구원함을 받지 못함이라
> 이러므로 하나님이 미혹의 역사를 그들에게 보내사 거짓 것을 믿
> 게 하심은 진리를 믿지 않고 불의를 좋아하는 모든 자들로 하여
> 금 심판을 받게 하려 하심이라 (살후 2:9~12)

　꿈과 환상은 특별 계시로서 하나님이 사용하시는 방식이기는 하지만 귀
신들도 즐겨 쓰는 방법이다. 그러므로 꿈과 환상이 모두 성령이 주신 것이
라고 믿으면 오산이다. 작금의 우리네 교회에는 신사도 운동에서 받아들인
기괴한 현상에 열광하고 있다. 방언 찬송, 성령 춤, 영서, 손바닥에 금가루
가 떨어지고 아말감이 금이빨로 변하며 웃으면서 뒤로 쓰러지고 손발을 부
들부들 떠는 것은 성령의 기름부음인 임파테이션으로 부르고 있다. 이렇게
성경에도 없는 현상들은 죄다 귀신들이 속이는 현상임에 틀림없다. 정말
이러한 현상이 성령이 주시는 것이라면 그 목적이 무엇인가?
　헌금을 받아 내고 교세를 넓히며 사역자를 홍보하거나 광고하고 있다면
이들은 죄다 귀신의 좀비들이다. 물론 성경에 없다고 전부 귀신들이 주는
것이라고 말할 수는 없다. 그러나 성령이 주시는 현상이라면 그 목적은 영
혼을 구원하고 제자를 양육하는 것이다. 성경의 방식은 이적과 기적으로
귀신을 쫓아내고 고질병을 치유하면서 영혼을 구원한다. 그러나 이런 목적
을 상실한 채 성경에도 없는 기이한 현상을 보이고 있다면 필시 귀신의 좀

비라고 보면 틀림없다. 계시록을 보라. 사탄은 거반 죽은 짐승을 살리고 하늘에서 불이 떨어지게 할 수 있다. 그러므로 신비롭고 기이한 현상을 자랑하는 이들에게 성령의 증거나 변화, 능력과 열매가 있는지 날카롭게 분별해야 할 것이다.

미혹의 영이 공격하면 나타나는 증상

미혹의 영은 사람의 머리를 타고 앉아 자신의 생각을 넣어 주어 속인다. 그러므로 마음의 상태와 생각을 날카롭게 분별하면 미혹의 영이 지배하고 있는지 알 수 있다. 그러나 어느 누구도 미혹의 영이 자신의 생각을 조종하고 있다고 인정하지 않을 것이다. 오직 성령이 마음을 만져 주시고 성령이 인도해 주시는 사람들은 이것을 분별할 수 있다. 그래서 필자는 미혹의 영의 지배를 받는 사람 중에서 가장 확실한 증거로 정신질환에 걸린 사람을 치유해 주면서 필자의 주장을 증명하고 있다. 아시다시피 정신질환은 거의 완치가 되지 않는다. 그중에서도 중증 우울증이나 정신분열 환자는 더욱 그렇다. 그렇다면 미혹의 영의 전략과 나타나는 증상을 살펴보자.

I. 잡념을 주거나 정신을 혼미하게 하거나 졸리게 하여 기도를 집요하게 방해한다

본인이 기도하거나 다른 사람들이 축출기도를 해 주거나 간에 미혹의 영이 가장 많이 사용하는 공격이 하나님을 부르는 기도나 예수피로 쫓아내는 기도에 집중을 못하게 하는 것이다. 그래서 하나님을 부르는 기도를 시작하면 끝도 없이 잡념이 몰려들어 어느새 꾸벅꾸벅 졸고 있는 자신을 발견하게 된다.

최근 영성학교에 온 한 자매님의 딸에게 드러나는 현상을 말씀드리겠다. 먼저 영성학교에서는 축출기도를 하기 전에 먼저 보혈찬송을 10곡 정도 부른다. 그러면 생생하던 딸의 눈이 반쯤 감기기 시작하면서 존다. 그래서 어머니로 하여금 이 딸의 손을 흔들고 깨우려고 안간힘을 쓰게 해 보지만 소용없다. 보혈찬송이 끝나고 필자가 손을 잡고 축출기도를 시작하면 눈이 감긴다. 그러나 기도가 끝나면 다시 생생하게 돌아온다. 영성학교의 축출기도 시간은 통성으로 기도하기 때문에 시끄러워서 졸려고 해도 졸 수가 없는 상황이다. 그러나 이 딸의 모습은 언제나 동일하다. 보혈찬송을 부르기 시작하면 아무리 흔들어도 눈이 감기다가 축출기도가 끝나면 언제 그랬냐는 듯이 정신이 말짱하게 돌아오는 기이한 현상을 영성학교 식구들은 매주 보고 있다.

2. 머리가 어지럽고 지끈지끈 아프다

미혹의 영은 머리를 타고 앉아 뇌를 장악하고 있기 때문에 미혹의 영이 잠복하고 있는 사람은 머리에서 나타나는 증상이 현저하다. 영성학교의 기도훈련을 시작하여 본격적으로 기도하고 축출기도 시간에 참석하면 머리가 혼미해지고 어지럽고 아프다. 심하면 정신을 잃고 쓰러지는 경우도 있다. 또 어떤 경우에는 눈을 뜨고 있어도 정신이 나간 경우도 있었다. 그래서 다른 식구들이 흔들어서 깨우기도 했다. 기도하지 않을 때도 머리가 아픈 증상이 오래가기도 한다. 머리가 아픈 증상은 사람마다 빈도와 강도가 다르지만, 거의 대부분의 사람들에게 나타나는 증상이다.

3. 무기력해진다

온몸에 힘이 빠지고 아무것도 하기 싫어져서 무기력증에 걸린 것처럼 보이는 것도 미혹의 영이 공격하는 현상이다. 심지어는 손가락을 움직일 힘도 없다는 이도 적지 않았다. 무기력증은 힘이 빠지는 것뿐 아니라 만사가 다 귀찮아지는 것이다. 그래서 매사에 의욕을 잃고 특히 기도하는 게 무척이나 싫어진다. 어떤 이단에서는 레스트(REST, 휴식)라고 하면서 성령이 임재하는 증상이라고 가르치고 있으니 기가 막힐 노릇이다.

4. 불면증이나 악몽, 가위눌림 등의 현상이 심해진다

정신질환의 시작은 불면증이다. 오랫동안 잠을 자지 못하면 정신 능력이 떨어지고 두뇌 회전이 느려지고 뇌세포가 비활성화된다. 잠을 잘 때도 악몽을 꾸기 일쑤이고 가위눌림의 공격이 빈번해진다. 이런 경우, 미혹의 영이 공격한다고 보면 틀림없다.

미혹의 영이 속이는 방법

I. 사람의 입을 통해 말한다

사람의 입을 통해 음성을 듣는다는 것은 섬뜩하고 기이한 일이다. 그러나 필자는 이런 경험이 여러 번 있다. 처음에는 사역을 시작하기 전 젊은 시절에 딱 한 번 경험했지만 세월이 지나니까 기이한 추억의 한편으로 잊혔다. 귀신이 사람의 입을 통해 음성으로 말하는 경우는 드물다. 물론 귀신을 축출하는 기도를 하다 보면 귀신들이 귀신이 잠복한 사람들의 입을 통해 말을 하는 것을 듣는 경우도 적지 않다. 그러나 대부분의 크리스천들은 귀신을 쫓는 현장에 있어 본 적이 거의 없을 터이니까 필자의 이야기가 믿어지지 않을 것이다. 그러나 귀신만 사람의 입을 통해 말하는 것은 아니다. 필자의 사역을 처음 전해 준 천사도 사람의 입을 통해 말을 하였다. 그러므로 타락한 천사인 귀신이 그렇게 하는 것도 이상하지 않을 것이다.

귀신들이 사람의 입을 통해 말하는 경우는 마지막으로 쫓겨 나가면서 말하는 경우가 대부분이었다. 그러나 처음부터 작심하고 사람의 입을 통해 말하는 것을 즐기는 귀신들도 있다. 필자는 그런 사람을 두어 번 만난 경험이 있다. 말만 하는 것이 아니라 몸을 자유자재로 조종하기도 한다. 이런 경우는 귀신이 잠복해 있는 사람 중에서도 아주 특별한 경우였다. 영성학교에서 1년 이상 된 식구들은 귀신이 입을 통해 말하는 사람을 직접 보았으니까 증명이 가능하다. 그렇다면 귀신이 말하는 이야기는 어디까지가 진실일까? 물론 귀신이 하는 말을 믿을 수 없다. 그러나 사람들의 생각을 읽고 말하는 것도 많으므로 확인해 보면 진짜인 경우도 허다하다. 그러나 귀신이 작심하고 거짓말을 하려고 하면 믿을 수가 없다. 그래서 처음부터 귀신이 하는 말은 믿지 않아야 한다.

2. 사람의 귀에 음성을 넣어 준다

사람의 귀에 음성이 들리는 방식은 예언의 은사를 받은 사람들이 주장하는 것이다. 그러므로 처음에는 주변의 누군가가 자신에게 말을 한다고 생각하고 두리번거리기도 한다. 성령께서 음성으로 말씀해 주시기도 하지만 귀신들이 하나님인 것처럼 속일 때 쓰는 방식이기도 하다. 음성으로 말해 주는 방식은 어떤 생각이 들어오는 것과 차이가 있다. 자신의 생각이 아닌 증거는 자신이 전혀 모르는 단어가 들리기도 하며 앞으로 일어날 일을 말해 주고 나중에 이 일이 성취되기 때문이다. 이것이 사람들이 자신에게 예언의 은사가 임했다고 여기는 이유이다. 정신과 의사들은 이런 경우를 환청이라고 하며 정신분열의 증세로 여기고 있다. 귀신들이 음성으로 넣어 주는 말들은 호기심을 만족시키고 유익을 얻게 하며 주변 사람들의 생각을 읽어서 말해 주는 경우가 많다. 점치는 귀신들이 그렇게 음성으로 말해 주곤 한다. 그러므로 귀에 음성이 들려오기 시작한다면 귀신이 넣어 주는 경우가 대부분이라고 보면 된다. 물론 성령께서 주시는 음성도 있겠지만 이러한 경우는 성령의 열매를 통해 분별해야 한다. 성령께서 필자 부부에게 자신의 음성을 듣는 참 예언자는 예로부터 드물다고 말씀하셨다. 구약성경을 보면 거짓 예언자는 차고 넘치지만 참 예언자는 드물다는 것이 이를 증명하고 있다.

3. 생각을 넣어 주어 속인다

마지막 세 번째가 미혹의 영이 가장 많이 사용하는 방식으로 사람의 머리를 타고 앉아 자신의 생각을 넣어 주어 속이는 방법이다. 그러나 자신의 생각이 미혹의 영이 넣어 속이는 것인지 분별하기는 매우 어렵다. 왜냐하면 미혹의 영이 넣어 주는 생각은 육체가 원하고 좋아하고 추구하는 인본적인 생각, 즉 이성적이고 합리적인 생각이기 때문이다. 그래서 성경은 하나님의 뜻이 아닌 것은 전부 미혹의 영이 넣어 주는 죄라고 선포하고 있다.

미혹의 영은 교회지도자와 교인들을 이렇게 속인다

I. 하나님을 만나는 기도를 못하게 한다

대다수의 교인들이 기도하는 습관이 없다는 게 미혹의 영에 사로잡혀 있다는 아주 대표적인 증거이다. 왜냐면 기도는 하나님과 내 영혼이 교제하는 필수적인 통로이기 때문이다. 그러므로 기도하지 않는 사람은 하나님과 아무런 상관이 없는 사람일 것이다. 사도바울은 쉬지 말고 기도하는 것이 하나님의 뜻이라고 말씀하셨고, 예수님은 종말이 가까울수록 깨어서 항상 기도하라고 하셨으며 사무엘은 기도를 쉬는 게 죄라고 말씀하시기도 하셨다. 그러므로 기도하는 습관을 들이지 않는 사람이, 어떻게 하나님의 자녀이며 천국의 백성이겠는가?

성령께서는 필자에게 하루에 한 시간도 기도하지 않는 자들이 어떻게 나를 만나겠느냐고 하셨다. 이런 성경의 근거에 따르면 대다수의 우리네 목회자들과 교인들은 하나님과 아무런 상관이 없는 사람들이다. 쉬지 않고 항상 기도하는 것은 차치하고 하루에 한 시간 기도하는 이들이 드물기 때문이다. 자신들이 기도하지 않는 것에 대해 고민하거나 두려워하지 않는 모습이 이미 미혹의 영이 쳐 놓은 덫에 걸려 있다는 명확한 증거이다. 하나님의 종이자 백성이라고 자처하는 이들이 하나님이 가장 중요하게 여기는 명령을 경멸하고 주인을 찾아오지도 않고 교제하려고 하지 않는다. 설령 기도회에 찾아와서 기도하는 이들조차 자신의 유익을 구하는 이기적인 기도만을 하고 있다.

새벽기도회나 각종 기도회에서 기도하는 사람들의 기도 내용을 들어 본 적이 있는가? 교회에서 정한 기도회에는 교회지도자가 원하는 기도 목록을 하나하나 열거하며 통성으로 기도하고 있으며 새벽기도회에서 기도하는 이들은 자신과 가족들이 세상에서 잘되고 부자가 되는 것을 구하는 세속적인 내용을 주구장창 반복하기 일쑤이다. 기도란 하나님을 만나서 깊고 친밀한 교제를 나누는 통로이다. 이렇게 하나님과 사귀는 기도를 하는 사람들은 하나님의 이름을 부르고 성령의 내주를 간구하며 감사하고 찬양하며 회개하면서 하나님의 뜻을 구하는 기도로 채워야 한다.

예수님이 가르쳐 주신 주기도문을 보라. 세속적인 탐욕을 구하라는 내용이 어디 있는가? 예수님은 무엇을 먹을까 무엇을 마실까 하지 말고, 오직 하나님의 나라와 의를 구하라고 하지 않았는가? 그런데 우리네 교회지도자들은 대형 교회의 담임 목사가 되는 목회 성공을 위해 기도하고 교인들은 자신과 가족들의 욕망을 채우는 기도로 채우고 있다. 그래서 우리네 교회에 기도응답이 사라지고 기적이 나타나지 않는 이유이다. 예수님은 겨자씨만 한 믿음만 있으면 기적이 일어난다고 하셨다. 그러나 기도를 세속적인 축복을 얻는 수단으로 알고 무당들이 하는 기복신앙을 교회 안에 들여와서 새벽기도, 금식기도, 헌금을 드리는 기도 등 희생의 강도를 높이면서 자신의 의를 드러내는 기도를 가르치는 교회지도자들과 이를 배우는 교인들에게 어떻게 하나님이 응답해 주시겠는가? 성령께서는 이런 율법적인 기도는 귀신이 넣어 주는 기도라고 말씀하셨다.

2. 종교주의자(율법주의자)들로 만들고 있다

우리네 교인들이 가장 많이 미혹되고 있는 것이, 1분짜리 영접기도를 마치면 구원을 얻었음은 물론 성령이 자동적으로 들어오셨다고 믿는 것이다. 그래서 구원을 기정사실화하고 이 땅에서 잘되고 부유하며 형통하게 살기 위한 희생적인 신앙 행위에 몰두하고 있다. 그리고 자기 확신을 성경적인 믿음이라고 착각하며 믿음이 있다는 증거로서 자신이 행한 예배의식, 새벽기도, 십일조, 각종 봉사, 전도 행위 등을 근거로 들고 있다. 그러나 이런 신앙 행위를 가장 희생적으로 한 사람들이 바리새인과 서기관들이었다. 그들은 성경을 암송해서 백성들에게 가르치고 철저한 안식일 준수와 십일조,

하루 3번의 기도, 600가지가 넘는 율법의 조항 등을 철저하게 지켰지만 예수님으로부터 독사(귀신)의 새끼라는 저주를 받고 지옥의 불에 던져졌다. 구원을 얻는 믿음은 자기 확신이 아니라 예수님이 말씀하시는 귀신을 쫓아내고 고질병을 치유하는 믿음의 표적이나 겨자씨만 한 믿음이라도 기적을 불러일으키는 믿음의 능력이다. 그러나 미혹의 영은 교회지도자들을 미혹시켜서 교인들에게 성경을 비틀어서 자의적으로 해석한 신학자의 교리를 예수님의 말씀 위에 두고 가르치며 미혹시키는 데 성공하였다.

3. 돈을 우상으로 섬기는 세속주의자들로 만들고 있다

대다수의 우리네 교회의 목회자들은 대형 교회의 담임 목사가 되는 목회 성공이 사역의 목표이고 과도한 헌금을 강요하며 거리에 나가 사람들을 끌어들여 교회의자에 앉히라고 성화이다. 그래서 설교 때마다 구원을 기정사실화하고 영적 잠에 빠지게 하며 세속적인 축복을 쏟아부으며 사람들을 맘몬의 영에 사로잡히게 하고 있다. 그리고 상식적이고 합리적이고 현학적인 설교로 교인들의 귀를 간질이며 번영신학과 기복신앙을 추구하고 각종 친목 행사와 동호회, 럭셔리한 커피숍을 지어서 교회에 와서 놀다 가라고 부추기고 있다. 그래서 성령께서는 우리네 교회가 돈만 밝히는 상업적인 교회가 되었으며 타락한 종이 허다하다고 일갈하고 계시다.

대부분의 크리스천들이 교회에 나온 이유가 천국에 들어가는 것은 기본이고 하나님의 축복하심으로 세상에서 부자가 되며 성공하고 싶어서이다. 영접기도 행위를 하고 주일성수를 하고 있으므로 구원을 기정사실화하며 희생적인 신앙 행위로 세속적인 축복의 수혜자가 되고 싶어 한다. 물론 하나님은 기뻐하시는 자녀에게 세속적인 축복도 덤으로 주실 것이다. 그러나 미혹의 영은 기복신앙을 교회에 퍼뜨려서 교인들로 하여금 세속적인 축복에 관심을 고정시키는 데 성공하였다. 그래서 부자가 교회의 주요 직분을 차지하고 십일조와 헌금을 많이 내는 것이 하나님의 축복을 많이 받는 근거가 되었다. 이는 미혹의 영이 교인들의 마음을 하나님에게서 돈으로 옮기는 데 성공했기 때문이다. 그래서 교인들은 교회에 와서조차 하나님을 만날 생각이 없으며 오로지 돈을 벌어 쌓아 두고 육체의 즐거움을 위해 사용하는 일에만 골몰하고 있다.

4. 은사주의와 신비한 체험으로 속이고 있다

우리네 교인들은 방언, 예언, 치유 등의 성령의 은사들을 성령이 임재하신 증거로서 가장 확신하고 있다. 그러나 성경을 보라 구약의 거짓예언자들은 미혹의 영이 넣어 주는 말을 하나님의 말씀인 양 속고 있다. 또한 하나님만 귀신을 쫓아내며 질병을 치유하시는 게 아니며 무당이나 절에서도 귀신을 달래고 치유를 하고 있다. 그러므로 이런 은사가 있다고 해도 그것이 전부 다 성령이 주시는 것이 아니다. 방언을 하는 사람들이라 해도 거룩한 성품으로 변화가 되지 않고 성령의 열매가 없다면 그 은사는 성령으로부터 온 것이 아니며 속이는 미혹의 영이 주는 생각에 속고 있는 것이다. 또한 내적치유도 미혹의 영이 속이는 현상이다. 성령의 능력으로 어떤 질병도 치유할 수 있는데 왜 편지를 불태우거나 바가지를 깨뜨리거나 자기 확신의 주문으로 외워야 하는 선포기도문을 외쳐야 하는가? 세간에 귀신을 쫓아낸다는 이들도 겉으로 드러내어 속이는 중상에 속아 넘어가고 있다. 이들은 귀신들이 일으킨 질병을 치유하지 못하며 미혹의 영에 대해 무지하다. 이런 은사자들은 전부 미혹의 영에 속아 넘어간 이들이다. 성령이 주시는 은사라면 주신 은사들을 통해 영혼을 구원하고 제자를 양육하여야 할 것이다. 그러나 자신의 의를 드러내면서 헌금을 요구하며 자신의 세력을 확장하는 데 골몰하고 있는 것은 미혹의 영의 좀비라는 증거이다.

또한 신비한 현상과 기이한 이적을 성령의 역사로 보는 무리들이 적지 않다. 특히 신사도를 추종하는 이들이 바로 그렇다. 이들은 성령 춤, 영서, 방언 찬송, 손바닥에 금가루가 떨어지고 아말감이 금이빨로 변했고 몸에 힘이 빠지는 것을 성령이 주시는 레스트(휴식)라고 하며 성령의 불이라고 외치면 사람들이 웃으면서 뒤로 자빠지는 퍼포먼스를 하고 미친 사람처럼 키득키득 웃는 것을 거룩한 웃음이라고 부르고 있다. 이런 기이한 이적과 신비한 현상은 전부 다 미혹의 영이 속이는 것이다. 무당도 시퍼런 작두를 타고 힌두교 축제에 가면 갈고리를 생살에 꿰어 들어 올려도 아프지 않으며 맨발로 숯불을 밟아도 화상을 입지 않는다. 성경에서 언급하지 않는 모든 기이한 현상들은 전부 미혹의 영이 주는 것이다. 왜냐하면 성령이 주시는 기적은 귀신을 쫓아내며 귀신들이 일으킨 고질병을 치유하면서 영혼을 구원하는 데 그 목적이 있기 때문이다. 그러나 위에 말하는 현상을 일으키는 사람들은 자신의 의를 드러내고 헌금을 요구하거나 자신들의 세력을 확장하는 데 초점을 맞추고 있다.

미혹의 영에게 속는 기도 방식

우리네 교회에서 실시하는 신앙 행위인 예배의식, 찬양, 교회봉사, 십일조, 전도, 말씀 공부 중에서 귀신들이 가장 싫어하는 신앙 행위는 무엇일까? 정답은 그들은 그 어떤 것도 두려워하지 않는다는 것이다. 귀신들이 무서워하는 것은 하나님밖에 없다. 그들은 하나님을 만나는 행위를 가장 싫어할 것이 분명하다. 그렇다면 하나님을 만나는 영적 행위는 무엇일까? 하나님은 영이시기 때문에 그 어떤 신앙 행위를 통해서 만나는 게 아니라 오직 기도와 말씀으로만 만날 수 있다. 당신은 기도와 말씀으로 하나님과 깊고 친밀한 교제를 나누고 계신가? 뭐, 대부분의 크리스천들이 규칙적으로 말씀을 읽고 깊은 기도를 하지 않지만 소수의 교인들은 나름대로 그렇게 하려고 애쓰고 있을 것이다. 그러나 그런 이들 중에서도 성령과 함께하는 증거나 변화, 능력과 열매를 찾아보기 힘들다. 그 이유는 악한 영들이 기도할 때도 속여서 하나님을 만나지 못하게 하기 때문이다. 그러면 미혹의 영에게 속는 기도 방식에 대해서 살펴보자.

I. '주세요, 주세요.' 하는 기도

거머리에게는 두 딸이 있어 다오다오 하느니라 (잠 30:15)

악한 영들은 기도 행위를 두려워하지 않는다. 다만 하나님을 만나는 기도만을 무서워한다. 그래서 기도하는 사람들에게 하나님을 만나지 않는 다른 기도를 하라고 속이는 것이다. 작금의 우리네 교회의 기도 현장을 찾아가 보자. 교회에서 정한 각종 기도회 시간에는 교회가 원하는 기도문을 나누어 주고 중보기도를 하라고 권면하고 있으며 새벽기도 시간에는 개인이 원하는 목록을 주구장창 외치는 시간이다. 이들은 기도만 하면 하나님이 찾아와서 들어주신다고 착각하고 있다. 하나님이 응답해 주시는 기도는 하나님 뜻대로 하는 기도이며 응답이 신속하게 이루어지는 기도는 기도의 내용이 아니라 기도하는 사람이 의인인가 하는 것이다. 하나님은 평소에 하나님의 뜻대로 사는 것에 무관심하다가 기도 자리에 앉으면 본인이 원하는 목록을 주구장창 외치는 사람들을 자녀라고 생각하지 않는다. 그래서 그런 기도를 수십 년간 해 온 사람들이 아무런 영적 능력이 없이 무능하고 무기력하게 사는 이유이다. 악한 영들이 하나님을 만나는 기도를 못하게 하고 대신 자신의 탐욕을 채우는 기도를 하라고 속이고 있기 때문이다.

2. 방언 기도

방언은 성령의 은사이다. 그래서 방언을 하는 사람은 성령이 자신 안에 있다는 것을 믿어 의심치 않는다. 필자는 평신도 시절에 방언은 물론 방언 찬송도 유창하게 했었다. 그러나 삶에서는 하나님이 함께하시는 증거도 능력도 열매도 없었다. 방언을 하고 있는 대부분의 크리스천들이 그렇다. 그 이유는 그 방언이 귀신이 속여 넣어 주는 방언이거나 자의적인 방언이기 때문이다. 필자는 귀신을 쫓아내면서 귀신이 내뱉는 방언을 수도 없이 들어 보았다. 필자의 사역은 귀신을 쫓아내면서 악한 영들과 피 터지게 싸우는 일이다. 그러나 귀신들과 싸워 보지 않은 사람들은 필자의 주장을 받아들이려고 하지 않으며, 받아들이기는커녕 이해할 수도 없을 것이다.

3. 기도 중의 찬송 부름

많은 이들이 기도하다가 어떤 찬송이 떠오르면 성령의 은혜라고 생각하고 흥이 나서 찬송을 부르곤 한다. 그러나 필자의 영성학교에서 훈련할 때는 하나님을 부르는 기도 중에는 찬송을 하는 것을 엄격하게 금지하고 있다. 왜 그런지 아는가? 악한 영들은 하나님을 부르는 기도를 하지 못하게 하려고 교묘하게 속이고 있기 때문이다. 찬송을 하는 게 잘못된 것이 아니다. 찬송을 하고 싶으면 기도가 끝나고 얼마든지 하면 된다. 그런데 굳이 왜 기도시간에 찬송을 불러야 하는가? 찬송가나 복음성가를 부른다고 다 하나님을 찬양하는 것은 아니다. 가사를 음미하면서 전심으로 하나님을 찬양하며 부르는 찬송이 진정한 찬송이다. 흥에 겨워 자신의 감정을 즐기는 찬송은 가사만 찬송가일 뿐 그냥 노래에 불과하다. 악한 영들은 하나님을 부르는 기도를 못하게 하기 위해 하나님이 주시는 은혜인 것처럼 속이는 데 탁월하다는 것을 기억하시라.

4. 기도 중 평안과 기쁨 혹은 눈물 등의 감정 현상

기도 중에 이런 감정을 경험하면 하나님의 은혜를 받았다고 좋아하는 이들이 대부분일 것이다. 뭐, 그럴 수도 있는 일이다. 그러나 악한 영들이라고 이런 감정을 주지 못하는 줄 아는가? 그래서 날카롭게 분별을 해야 한다. 분명하게 말씀드리자면 악한 영들도 기쁜 감정이나, 슬픈 감정을 주어 주체할 수 없는 눈물을 흘리게 할 수 있다. 그러므로 기도 중에 이런 감정이 생겨도 연연해하지 않고 하나님께 집중해야 한다. 특히 자기 연민에서 기인되는 슬픈 감정은 100% 악한 영이 넣어 주는 것이다. 귀신들은 억울함, 서러움 등을 주어서 기도에 집중하지 못하게 한다. 우리네 교회에서 성행하는 대부분의 내적치유가 악한 영이 속이는 방식인 셈이다. 특히 입으로만 회개하는 것도 조심하여야 한다. 마음 깊숙한 곳에서 나오는 회개가 아니라 입만 달싹거리는 회개는 악한 영이 넣어 주는 속임수이다. 이렇듯 악한 영들은 감정을 속이는 데 천부적인 재질이 있다. 그렇다고 필자가 평안이나 기쁜 감정이 죄다 악한 영이 준다고 말하는 것은 아니다. 악한 영이 속일 수 있으니까 연연해하지 말아야 한다는 의미이다. 그런 느낌이 들더라도 하나님을 부르는 기도에 집중하면 된다. 그러나 그런 느낌을 찾기 시작하면 필시 귀신의 덫에 걸려들게 된다.

성령이 주시는 평안이나 기쁨, 자유 등의 감정은 기도하고 있을 때뿐만 아니라 일상의 삶에서 누려야 한다. 특히 도저히 평안할 수 없을 때도 평안한 마음이 든다면 성령이 주는 감정이다. 그러나 기도 중에는 악한 영이 속이는 이런 감정에 매달리다 보면 하나님을 부르는 기도를 소홀하게 된다. 이렇듯 기도는 열심히 하는데 열매가 없는 사람들은 대부분 악한 영에게 속아서 기도 자리에 앉아는 있지만 하나님을 만나지 못하는 사람들이다. 그러므로 기도를 열심히 하는데도 기도의 능력과 변화를 체험하지 못하고 성령이 함께하시는 내적, 외적 증거가 없다면 자신의 기도를 점검하고 돌이켜야 할 것이다.

뇌를 장악하고 파괴하는 미혹의 영의 공격

마귀가 벌써 시몬의 아들 가룟 유다의 마음에 예수를 팔려는 생각을 넣었더라 (요 13:2)

아나니아라 하는 사람이 그의 아내 삽비라와 더불어 소유를 팔아 그 값에서 얼마를 감추매 그 아내도 알더라 얼마만 가져다가 사도들의 발 앞에 두니 베드로가 이르되 아나니아야 어찌하여 사탄이 네 마음에 가득하여 네가 성령을 속이고 땅값 얼마를 감추었느냐 땅이 그대로 있을 때에는 네 땅이 아니며 판 후에도 네 마음대로 할 수가 없더냐 어찌하여 이 일을 네 마음에 두었느냐 사람에게 거짓말한 것이 아니요 하나님께로다 (행 5:1~4)

시몬이 사도들의 안수로 성령 받는 것을 보고 돈을 드려 이르되 이 권능을 내게도 주어 누구든지 내가 안수하는 사람은 성령을 받게 하여 주소서 하니 베드로가 이르되 네가 하나님의 선물을 돈 주고 살 줄로 생각하였으니 네 은과 네가 함께 망할지어다 하나님 앞에서 네 마음이 바르지 못하니 이 도에는 네가 관계도 없고 분깃될 것도 없느니라 그러므로 너의 이 악함을 회개하고 주께 기도하라 혹 마음에 품은 것을 사하여 주시리라 내가 보니 너는 악독이 가득하며 불의에 매인 바 되었도다 (행 8:18~23)

이 3가지 사건을 하나하나 살펴보자. 먼저 미혹의 영인 사탄이 가룟 유다의 머리를 타고 앉아 예수님을 팔려는 생각을 교묘하게 넣어 속이고 있다. 이는 미혹의 영이 가룟 유다의 생각을 생산하는 뇌를 지배하고 있다는 말이다. 두 번째는 초대교회 교인이었던 아나니아와 삽비라 부부의 경우를 살펴보자. 많은 이들이 재산을 팔아서 교회에 헌금하는 것을 보고 자신들도 그렇게 하고 싶다는 착한 생각을 하게 되었다. 그러나 재산을 팔고 보니 평생 처음 보는 큰돈이었다. 그러자 아깝다는 생각이 들어서 땅을 판 돈의 일부를 떼어 내고 교회에 드리고 싶다는 생각을 부부가 상의하고 실행에 옮긴다. 그러나 베드로는 이 생각이 미혹의 영이 속이는 생각이라는 것을 간파하고 지적하고 있다. 아쉽게도 이 부부는 자신의 재산을 팔아서 교회에 드리고도 미혹의 영에 속아서 지옥 불에 던져지는 불쌍한 운명이 되고 만다. 이 경우에도 미혹의 영은 이 부부의 머리를 타고 앉아 뇌를 지배하고 있음은 물론이다. 세 번째 경우는 마술사 시몬이다. 마술사 시몬은 이미 귀신의 능력을 사용하는 흑마술로서 영적 세계를 경험한 인물이다. 그러나 베드로가 기도로서 귀신을 쫓아내고 고질병을 고치는 능력을 보고 입이 딱 벌어졌다. 귀신의 능력을 이용하는 흑마술과는 비교도 안 되는 엄청난 영적 능력이었기 때문이다. 그래서 그는 예수를 믿을 것을 결심하고 세례까지 받고 나서 베드로에게 많은 돈을 줄 테니 자신도 그 능력을 얻게 해 달라고 간청하게 된다. 그러나 이는 자신의 생각이 아니라 미혹의 영이 넣어 주는 생각이었다. 그래서 이를 간파한 베드로는 그에게 악독이 가득하며 불의에 매였다고 질책하면서 즉각 회개하여 죄의 용서함을 받으라고 촉구하고 있다. 이 경우도 마술사 시몬에게 붙어 있는 미혹의 영이 지속적으로 생각을 속여서 공격하는 현상이다.

당신은 생각을 속여서 죄를 짓게 하여 공격하는 미혹의 영에 대해서 얼마나 알고 계신가? 아쉽게도 우리네 교회는 거룩한 교회에 귀신이 어떻게 공격하며 빛인 하나님의 자녀에게 어둠의 영이 어떻게 잠복하겠냐는 선문답 같은 얘기만 하고 있다. 그렇다면 가룟 유다와 아나니아와 삽비라 부부, 마술사 시몬은 죄다 하나님을 모르는 세상 사람이었는가? 가룟 유다는 예수님이 택한 12제자의 하나였고 아나니아와 삽비라는 초대교회의 열정적인 교인이었으며 마술사 시몬도 세례를 받은 세례교인이었다. 우리네 교회의 잣대로 재면 어느 누구도 미혹의 영이 공격할 수 없는 하나님의 백성이 아닌가? 기가 막히는 일이다.

예전에 성령께서, 미혹의 영이 머리를 타고 앉아 뇌를 장악하고 자신의 생각을 넣어 주어 속이고 있다고 말씀하셨다. 그래서 부정적인 생각을 지속적으로 넣어 뇌가 지배당하여 마음의 병이 든 사람이 바로 정신질환자들이다. 정신질환은 불면증, 우울증, 강박증, 조울증, 공황 장애, 간질, 정신분열, 알코올 중독을 비롯한 각종 중독, 어린 학생들에게 만연한 ADHD, 틱장애 등 수도 없이 많다. 이 같은 정신질환들은 현대의학으로도 완치가 거의 되지 않는 고질병이지 않은가? 필자는 정신질환 환자들의 거의 대부분이 미혹의 영인 귀신이 뇌를 지배하고 장악하여 병이 들게 한 상태라고 주장하고 있다. 이를 증명하려면 귀신을 쫓아내는 축출기도로서 정신질환을 치유하여야 할 것이다. 그래서 영성학교에서는 어떤 정신질환 환자라도 와서 기도훈련을 받으면 축출기도를 해 주겠다고 선포하고 있으며 이미 5년이 지나서 수많은 이들이 영성학교를 찾아왔다. 결과적으로 필자가 요구한 대로 기도훈련을 받아 치유된 사람들의 사례는 수도 없이 많다. 위의 정신질환이 아니더라도 뇌경색, 치매, 알츠하이머, 파킨슨 등은 죄다 뇌세포가 죽고 병들어서 제 기능을 하지 못해서 생기는 질환이다. 이는 노인들에게 많이 발생하여 완치가 안 되고 병의 진행을 최대한 늦추는 게 현대의 치료법이다. 영성학교에 찾아온 이들 중에 치매와 파킨슨병이 많이 회복되었으며 뇌경색을 치유한 경우도 있었다. 예수님은 지붕을 뚫고 내린 중풍병자의 원인이 죄 때문이라고 말하고 있다. 중풍은 뇌혈관이 터져서 뇌세포가 죽어서 생기는 성인병이다. 그러나 기이하게도 죄 때문에 중풍이 생겼다면 죄를 부추기고 지배하는 귀신과 밀접한 관계가 있는 것 아닌가? 어쨌든 치매를 비롯한 뇌혈관 질환이 미혹의 영이 머리를 타고 앉아 뇌를 장악하고 파괴해서 생긴 정신질환이라면 축출기도로서 이를 증명해 보일 수 있다.

마지막으로 미혹의 영이 뇌를 장악하여 뇌의 활동을 방해한다면 집중력이나 이해력 등이 떨어져서 학생들은 성적이 형편없고 성인들은 건망증이 심하며 정신능력이 현저하게 떨어질 것이다. 그렇다면 자녀들에게 축출기도를 병행하여 기도훈련을 시킨다면 뇌가 좋아지고 성적이 탁월하게 향상되어야 할 것이다. 이 역시 영성학교에서 기도훈련을 하는 학생 중에서 예를 들 수 있다. 어린 학생들은 성인과는 달리 전심으로 기도하는 이유나 동기가 인지가 되지 않으므로 열심히 기도하는 학생들에 한하여 뇌가 좋아져서 성적이 향상되는 경우가 생겨나고 있다. 그래서 앞으로는 기도훈련을 더욱 철저하게 시켜서 학생들의 성적 향상을 촉구할 참이다. 이외에도 선천적으로 뇌세포나 염색체에 이상이 있는 발달 장애나 자폐증 등의 불치병도 귀신을 쫓아내는 기도로서 치유할 수 있을 것이다.

어떻게 미혹의 영을 분별할 것인가?

영적 은사는 모든 크리스천의 관심사이다. 그래서 세간에는 탁월한 영적 은사를 가졌다는 사람들이 적지 않겠지만 거짓으로 속이는 사람도 많다. 물론 그 본인조차 자신이 마귀에게 속아 귀신의 종노릇을 하고 있다는 사실을 까마득히 모르고 있을 것이다. 예수님 당시의 제사장들과 바리새인들이 그랬다. 자신들은 대다수의 보통 사람들에게 드높은 종교심을 드러내며 하나님께 충성스런 종으로 사용 받고 있다고 생각했지만 계시록 2장 9절에 나온 것처럼 성경은 그들의 실체가 사탄의 무리라고 밝히고 있다. 이 시대도 이와 다르지 않다. 진짜와 가짜가 뒤섞여 혼탁함의 극치를 자아내고 있다. 마귀들은 속이는 데 천재이기 때문이다. 그러나 이러한 현상은 작금의 우리네 교회에서 빌미를 제공한 탓이다. 교회에서 영적 은사를 무시하거나 터부시하고 영분별에 대해 무지하여 가르치지 않기 때문에 대다수의 교인들은 영적 은사가 뛰어나다는 사람들을 쫓아다니다가 낭패를 당하기도 한다. 필자도 이 사역을 시작하기 전에는 영적 은사나 성령의 능력에 대해 무지했었다. 그러나 적지 않은 시간을 기도하며 기도의 강을 건너면서 악한 영과 싸우는 사역을 하게 되었다. 악한 영과 싸우려면 그들의 존재를 날카롭게 파악하고 십자가의 보혈의 공로를 의지하는 기도로 물리쳐야 한다. 그러나 악한 영들은 자신들의 정체를 철저하게 숨기거나 위장하여 속이기 때문에 이들의 존재를 파악하는 게 쉽지 않은 일이다. 그래서 성령께서 필자에게 영분별에 필요한 지혜를 적지 않게 주셨다고 생각한다. 그렇다면 필자가 주장하는 영분별의 원칙을 살펴보자.

I. 오직 성경에서 밝힌 은사나 현상만을 인정한다

필자는 성경에서 밝히지 않은 은사나 신비한 현상을 인정하지 않는다. 믿음, 사랑, 지식, 지혜 등은 말할 것도 없고 방언, 방언 통역, 예언, 귀신 쫓음, 치유 등은 인정한다. 그러나 아말감이 금이빨로 변하거나 예배 시에 금가루가 떨어지며 방언 찬송, 성령 춤, 뒤로 넘어가는 현상 등은 인정하지 않는다. 실제로 성령께서는 방언 찬송이나 성령 춤이 악한 영이 주는 현상이라고 말씀하시기도 하였다. 심지어 내적치유도 인정하지 않는다. 어떤 불치병의 치유도 십자가의 보혈의 능력으로 충분하지 다른 심리적인 터치나 편지를 불태우고 바가지를 깨뜨리는 등의 이상한 방법이나 기이한 도구를 이용하는 것을 인정할 수 없다. 실제적으로 성령께서는 내적치유가 기도가 부족한 자들이 하는 짓이라고 말씀하셨다. 악한 영들도 자신들의 방식으로 기적과 이적을 나타내고 신비적인 현상을 일으킬 수 있다. 모세가 지팡이로 뱀을 만들자 바로의 주술사들도 따라하며 애굽의 나일강을 피로 변하게 하는 것도 따라하지 않았는가? 귀신들이 하나님의 능력에는 못 미치지만 그들 나름대로 놀라운 기적과 신비한 현상을 일으킨다. 귀신들이 신비적인 현상을 일으키는 목적은 놀라게 하거나 두렵게 하는 것이지만 성령이 하시는 기적은 영혼을 구원하고 하나님의 나라를 확장하는 것이다.

2. 은사자가 거룩한 성품이 드러나야 한다

그렇다면 성경에서 밝힌 은사는 전부 다 성령이 주시는 것일까? 아니다. 성경에서 밝힌 은사라도 귀신들은 죄다 속여서 넣어 주는 일이 흔하다. 실제 성경에서 밝힌 은사를 받은 이들은 100% 악한 영이 들어와 속인다. 필자 역시 그런 경험이 적지 않다. 악한 영들도 질병을 치유하고 예언을 하며 방언을 하고 귀신을 쫓아 주는 척하고 있다. 그렇다면 어떻게 성령이 주신 은사인지 아닌지 분별하는가? 그들이 하는 기적적인 능력이 아니라 은사자의 성품에서 거룩한 성품이 있는지 날카롭게 살펴보아야 한다. 귀신들이 성령의 은사를 감쪽같이 속일 수 있지만 그들의 목적은 생명과 영혼을 사냥하여 지옥으로 끌고 가려는 것이다. 그래서 은사자들의 성품이 결코 거룩하지 않다. 많은 은사자들이 정죄하고 겁을 주고 강압적으로 말한다면 그 안에 성령이 계시지 않다는 증거이다. 성령이 그들 안에 계셔서 은사를 주시는 것이라면 하나님의 거룩한 성품으로 변하여야 하는 것이 당연하다. 그러나 은사를 자랑하고 탐욕적으로 헌금을 요구하거나 교만해져서 우쭐대고 있다면 귀신의 종이다. 안타깝게도 인기가 높고 유명하다는 목사나 기도원 원장의 적지 않은 수가 이 부류에 속한다. 귀신이 조종하는 종은 교만이 극치에 달해서 자신의 은사를 떠들어 대고 자랑하지만 성령의 종은 마음이 따뜻하고 사랑이 많으며 자신을 드러내지 않고 빛도 없이 이름도 없이 하나님이 인도하시는 대로 순종하며 겸손하게 사역을 하고 있을 것이다.

3. 성령의 능력이 나타나고 열매가 맺혀야 한다

말로는 은사를 자랑하지만 정작 영혼을 구원하고 하나님의 나라를 확장하는 사역을 하지 않는다면 이는 성령의 사람이 아니다. 실제로 귀신이 일으키는 현상을 조목조목 책으로 써서 베스트셀러가 된 어느 목사의 교회를 오랫동안 다닌 지인은 그곳에서 귀신에게 눌려 목숨이 위태로웠지만 그 목사는 귀신을 쫓아내 주지 않고 스스로 해결하라고 했다고 한다. 적지 않은 사람이 자신이 받은 은사를 자랑하고 성령의 능력이라고 떠벌리지만, 실제로는 귀신을 쫓아내고 고질병을 치유하면서 영혼을 구원하고 하나님의 나라를 확장하지 않는 이들이 허다하다. 이들은 보통 사람들이 분별할 수 없으며 증명할 수 없는 은사인 방언이나 예언만을 떠들어 댄다. 그러나 고질병을 치유하고 귀신을 쫓아내는 일은 꼬리를 감추고 뒷걸음치기 일쑤이다. 설령 귀신을 쫓아낸다고 하더라도 조무래기 귀신들을 쫓아 주고 센 놈의 존재에는 무지하다. 치유한다는 사람들도 의사가 인정하는 치유가 아니라 믿음으로 받아들여야 한다며 입으로 선포하라고 하는 이상한 기도 방식을 사용하거나 인본적이고 심리적인 치유 방식을 도입하고 있다. 예언을 학습

하고 배우는 것도 비성경적이며 주변 사람들의 신상을 시시콜콜하게 말해 주는 예언도 하나님의 방식이 아니다. 필자는 이런 비성경적인 방식을 인정하지 않는다.

위 3가지 사항은 필자가 영분별의 원칙으로 사용하는 방식이다. 이 원칙은 필자가 개발한 것이 아니라 성경에 나와 있는 것이다. 그러므로 아무리 신비적이고 기적적인 현상을 일으키더라도 성경적인 방식이 아니라면 전부 귀신의 방식일 뿐이다. 그러므로 귀신의 덫을 알아채고 피해야 할 것이며 은사자라면 귀신과 교제하는 좀비인지 날카롭게 분별해야 할 것이다. 그래야 천국에 들어가는 자격을 유지하고 이 땅에서도 평안하고 형통한 삶을 살아갈 것이다.

미혹의 영이 속이는 성령의 은사의 분별

I. 방언

상당수의 우리네 교인들이 방언기도를 하고 있다. 방언은 성령이 주신 선물이다. 마가의 다락방에서 사도들과 120여 명의 제자들이 전심으로 성령을 구하는 기도를 할 때 성령께서 임재하셔서 방언을 하기 시작했다. 그들이 방언으로 기도할 때 오래 기도하기 위해 또는 다른 이들에게 자신의 영적 능력을 드러내기 위해 방언을 사용했는가? 아니다. 그들은 방언을 예수 그리스도의 영이 자신에게 임했다는 것을 증명하는 수단으로 사용했다. 그러나 방언은 성령이 인도하는 영혼구원사역의 시작이었을 뿐이다. 그들은 방언이나 예언의 은사를 드러내면서 기적과 이적으로 귀신을 쫓아내고 귀신들이 일으킨 정신질환이나 고질병을 치유하면서 예수가 그리스도이심을 전파하고 초대교회를 세워 나갔다. 대부분의 유대인들이 유대교에서 기독교로 개종한 이유는 방언을 들어서가 아니라 귀신을 쫓아내고 질병을 치유하는 것을 보고 하나님의 능력을 인정했기 때문이다. 그러나 우리네 교인들은 단지 방언만을 주구장창 할 뿐이지 기적과 이적으로 귀신을 쫓아내고 고질병을 치유하면서 영혼을 구원하는 사역을 하지 않는다. 아니 성령께서 방언을 주신 것이 분명하다면 성령께서 은사를 주신 목적이 무엇인가? 바로 귀신을 쫓아내고 귀신들이 일으킨 고질병을 치유하면서 하나님의 나라를 확장하는 것이 아니겠는가? 그러나 단지 방언만을 하고 다른 성령의 능력도 열매도 없다면 그 방언이 어떻게 성령께서 주시는 방언이 되겠는가?

방언은 '외국어'라는 뜻이다. 사도행전은 사도들과 120여 명의 제자들이 마가의 다락방에서 전심으로 기도했을 때 성령이 임재하는 사건으로 시작한다. 그리고 그들이 다 성령이 말하게 하심을 따라 다른 언어로 방언을 하게 되자 디아스포라로 흩어진 유대인들이 예루살렘에 순례를 하러 와서 그들의 고향 말을 듣고 화들짝 놀랐다. 자기가 살던 나라의 말을 전혀 하지 못하는 사람들의 입에서 그들이 사용하던 언어가 흘러나왔기 때문이다. 방언은 하나님을 모르는 세상 사람들에게 하나님이 살아 계신다는 존재감을 드러내는 수단으로 주신 것이다. 그래서 바울은 방언이 믿지 아니하는 자들을 위하는 표적이며 교인들이 교회에서 방언을 하면 세상 사람들이 미쳤다고 할 것이라며 부정적으로 말하고 있다. 굳이 방언을 하려면 통역하는 사람을 동반해서 교회에 덕을 세우라고 권면하며 통역하지 못한다면 교회에서 하지 말라고 하고 있다. 그런데 우리네 교인들은 어떻게 방언을 하는가? 그들은 방언을 통역하는 은사를 지닌 사람들과 같이 방언을 하는 이들을 본 적이 없다. 그들은 기도할 때 방언을 사용할 뿐이다. 그래서 무슨 기도를 하는지 그 내용을 자신도 모른다. 기도란 하나님과 교제하는 수단이다. 그런데 자기가 무슨 말을 하나님께 하는지도 모르는 말을 한다면, 이것이 무슨 기도이며, 어떻게 교제하는 수단이 되겠는가?

2. 예언

예언이란 하나님이 자신의 종에게 영음이나 음성으로 들려주어 교회와 세상에 널리 알리라고 주시는 말씀이다. 그래서 이런 사람들을 가리켜 성경에는 예언자나 선지자라고 부르고 있다. 구약시대에는 하나님께서 말씀하신 참 예언자와 미혹의 영이 조종하는 거짓 예언자가 있다. 예레미야와 이사야와 같은 예언자는 참 예언자이고 그 반대로 이들을 공격하고 박해한 거짓 예언자가 있다. 그러나 우리네 교회는 성경이 완성된 지금의 시대는 예언의 은사가 더 이상 존재하지 않는다고 말하고 있다. 이는 신학자의 말이지 성경에는 그런 말이 없다. 이렇게 교회에서 예언의 은사를 부정하므로 교회 주변에는 소위 예언의 은사를 받았다는 예언자들이 판을 치고 있다. 어떤 교회에서는 예배가 끝나면 번호표를 들고 자신들의 교회에서 길러 낸 예언자로부터 예언을 받으려는 교인들이 줄을 서고 있으며 자원자들을 모아 예언의 은사를 가르치기까지 하고 있으니 기가 막히는 일이다.

필자는 그동안 오랫동안 성령으로부터 영음을 들었다. 영음의 통로는 (아주 드문 일이기는 하지만) 직접 사람의 입을 열어 음성으로 듣는 방식과 머릿속으로 생각이 훅 들어오는 방식이 있다. 처음에는 그 내용들이 성령이 주시는 것이지 아닌지 분별할 수 없었다. 그래서 꼼꼼하게 기록해 보고 추이를 살펴보기로 했다. 처음에는 개인적인 삶과 사역에 대한 내용이 많았는데 대부분 신앙과 기도훈련, 악한 영, 교회 등 성경적인 내용들이었다. 개인적인 삶과 사역에 대한 내용은 시간이 지나서 성취되는 것을 보고 분별하면 되고 성경적인 내용들은 성경과 비교해서 분별하면 된다. 그러나 이 잣대로 분별하지 못하는 내용들도 많다.

필자가 사역을 시작하고 나서 예언을 한다는 사람들이 적지 않게 찾아왔었다. 그러나 그들 모두는 예외 없이 미혹의 영이 넣어 주는 예언이었다. 그들이 들었다는 내용들은 전부 아주 개인적인 내용들이었다. 어떤 자매는 식당에 가서 음식을 먹을 때 짜장면을 먹을지 짬뽕을 먹을지를 성령께 물어보고 응답을 듣고 주문을 한다고도 했다. 어쨌든 그들이 예언을 들으며 살아온 것과 상관없이 고질병과 정신질환 그리고 삶의 지난한 문제를 해결하기 위해 필자를 찾았다. 그래서 필자는 그들이 듣는 영음이 죄다 미혹의 영이 넣어 주는 말이라고 잘라 말했다. 만약 그 예언이 성령이 주시는 것이라면 성령의 사람이라는 것인데 성령의 사람이 자신의 문제를 해결하지 못해서 필자를 찾아올 리가 없다. 그래서 필자의 말에 동의하고 기도훈련과 함께 축출기도를 시작하면 귀신이 나가는 증상이 나왔다.

필자도 귀신이 말하는 예언에 두어 번 속은 적이 있다. 그러니 그 내용을 가지고는 분별할 수 없다. 미혹의 영은 필자를 말로 속이고 앞으로 일어날 사건을 예언해서 속였다. 말로 속인 것을 옮겨 드리면 기도를 끝낼 때 꼭 예수님의 이름으로 끝내라는 말이었고 예배를 드릴 때 양복을 입고 예배를 드리라는 말이었다. 어떤가? 지극히 성경적이고 경건하지 않은가? 그러나 나중에 이 말의 공급원이 귀신으로 밝혀졌으니 당신도 분별하는 게 쉽지 않을 것이다. 예수님을 찾아온 사탄이 성경 말씀을 인용해서 유혹한다는 사실을 간과하지 마시라. 미래에 있을 예언으로 속이는 사건은 더욱 기가 막혔다. 미혹의 영이 예언한 대로 그 사건이 정확하게 일어났던 것이다. 그러나 하나님 같은 완전한 능력이 아니기에 귀신의 예언은 필자에게 꼬투리가 잡혔다. 그 미혹의 영이 다시 찾아와서 말을 시작할 때 기다렸다는 듯이 예수피를 외치며 축출기도를 시작했다. 그러자 도리어 귀신의 공격을 받아 머리가 혼미해지고 정신 집중이 안 되는 상태로 며칠을 죽도록 고생했던 기억이 있다. 이처럼 미혹의 영이 넣어 주는 예언을 분별하는 것은 어렵고 이들을 대적할 영적 능력이 없으면 죽은 목숨이라는 것도 알려 드린다.

거짓 선지자들은 고급영인, 마귀급이 조종하는 좀비들이다. 그러므로 그들도 놀라운 이적과 표적을 나타내는 능력이 있다. 그리고 사람들의 마음을 부추겨서 자신들의 예언이 들어맞도록 속이는 능력도 있다(필자가 당한 사건이 이와 유사했다). 필자가 미혹의 영에게 당하고 나서 겨우 살아났을 때, 성령께서 필자에게 "10년 동안 훈련시켰는데 잃어버릴 뻔하였다."라고 하시면서 미혹의 영의 예언을 분별하는 팁을 말씀하셨다. 미혹의 영은 흥신소 직원처럼 주변 사람들의 시시콜콜한 생각들을 말해 준다고 하였다.

그래서 성경에는 점치는 귀신이라는 별명이 붙었다. 또한 호기심과 유익을 만족시키는 내용들을 들려주며 친밀함을 표하는 내용과 따뜻하고 친근한 말로 속이기가 일쑤이다. 그러나 성령님이 주시는 내용은 대부분 사역에 대한 말로 성경처럼 두렵고, 드라이하다. 그러나 이런 내용으로 분별하기도 쉽지 않을 것이다. 그러므로 예수님의 말씀처럼 성령의 열매로 분별하는 것이 가장 정확하다. 예언자가 거룩한 성품으로 변화하였는지 그들의 예언이 정확하게 성취되었는지 그들 가족의 영혼이 구원 받은 증거가 있으며 삶이 형통한지 본인이나 가족의 정신질환이나 고질병이 치유되었는지 귀신을 쫓아내고 고질병을 치유하면서 영혼을 구원하는 사역의 열매를 풍성하게 맺고 있는지를 날카롭게 분별하여야 할 것이다. 이런 열매가 없는 예언은 모두 미혹의 영이 넣어 주는 예언임이 틀림없다. 미혹의 영이 넣어 주는 예언을 듣는 이들은 계시록에서 선포한 대로 죄다 지옥의 뜨거운 불길에 던져지게 될 것이 분명하다. 무섭고 두려운 일이다.

3. 축사

귀신이 잠복하여 지배하는 현상과 귀신이 공격하는 현상은 조금 다르다. 귀신이 잠복하여 지배하는 것은 죄를 짓게 하여 죄인이 되게 하는 것이다. 그래서 걱정, 염려, 불안, 조급함, 낙심, 실망, 두려움 등의 불신앙이나 미움, 시기, 질투, 짜증, 분노, 싸움 등의 부정적인 생각이나 자기 연민, 서러움, 억울함 등의 자기를 우상으로 여기는 생각 또한 돈을 사랑하는 탐욕과 쾌락을 추구하는 방탕에 빠지게 하고 죄를 짓게 하여 불행에 빠뜨려 고통을 주어 생명과 영혼을 사냥한다. 그러나 이러한 죄는 인지하기 어렵다. 또한 귀신이 머리를 타고 앉아 뇌를 장악하여 각종 중독에 빠지게 하거나 다양한 정신질환을 일으키고 육체의 곳곳에 잠복하여 고질병을 일으킨다. 또한 부부 싸움을 일으켜 가정을 깨뜨리고 사람들에게 분노를 일으키고 싸움을 하게 하여 회사와 단체, 교회와 나라를 파괴한다. 또한 각종 불행한 사건과 사고를 일으켜서 사람들을 고통에 빠뜨린다. 이런 상태는 사람의 머리를 타고 앉아 생각을 조종하여 지배하는 것이다. 그러나 귀신이 직접 자신의 존재를 드러내지 않기 때문에 사람들이 귀신의 존재나 공격을 믿지 못하거나 인지하지 못하고 당하는 것이다.

직접 귀신이 공격하는 것은 사뭇 다르다. 귀신의 실체가 기이하게 드러나는 것이다. 그래서 머리를 비롯해서 몸의 곳곳에 이들의 움직임이 드러난다. 느낌으로 알 수도 있고 실제로 움직임을 눈으로 볼 수 있고 소리가 나는 경우도 흔하다. 시신경을 조종하여 환각이 보이게도 하고 청각신경을 조종하여 환청이 들리게도 한다. 환청과 환각은 정신분열의 증세이기도 하다. 그뿐 아니라 운동신경을 장악하여 제대로 걷지 못하게 하거나 팔다리를 귀신 마음대로 조종하는 일도 가능하다. 피부 특히 얼굴에 차갑고 섬뜩한 느낌을 주어 공포를 들게 하는 공격도 일반적이다. 이런 증상은 귀신이 자신의 존재를 드러내어 공격하는 상태이다. 자신 안에 귀신이 잠복하고 있다고 인정하는 사람들은 이런 증상을 귀신의 공격으로 인지하지만 이렇게 귀신이 들렸다는 것을 인지하는 사람들은 그렇게 많지 않다.

귀신 축출하는 곳에 찾아가는 사람들은 그 안에 귀신이 잠복하여 공격당하고 있는 사람들이다. 이들에게 축출기도를 하면 귀신들이 괴성을 지르고 몸을 뻗대고 심지어 나갔다고 하거나 다양한 말을 하기도 한다. 그러면 축사자들이 귀신이 나갔다고 선포하는 것이다. 그러나 이는 귀신이 속이는 것이다. 귀신들은 수도 없이 많으며 미혹의 영인 센 놈이 먼저 몸을 장악하고 중간급이나 약한 귀신들을 끌어들여 가슴과 배 부분에 집을 짓고 머리를 장악하여 조종하는 것이다. 축사를 시작하면 미혹의 영인 고급영은 중간급이나 하급영들을 풀어 나간 것 같은 현상을 일으킨다. 그러나 집에 돌아오면 예전의 상태로 되돌아간다. 그래서 축사자들에게 문의하면 나간 귀신이 다시 들어왔다고 말하곤 한다. 실제는 전부 나간 것이 아니라 일부 중간급이나 약한 귀신들만 나간 것이다. 센 놈인 미혹의 영이 나가야 전부 나간 것이다. 미혹의 영은 나갈 때나 들어올 때나 흔적이나 증세를 남기지 않는다. 필자는 성령이 내주한 증거나 변화, 능력이 생겨야 비로소 귀신들이 전부 나갔다고 인정한다. 그러나 축사자들조차 이 사실을 아는 이들이 없다.

이것이 필자가 축사자의 말을 전부 믿지 말라고 말하는 이유이다. 귀신 축사로 세간에 유명했던 S교회의 K 목사 밑에서 20년을 사역한 어느 목사의 말을 빌리자면 자신이 20년 동안 봐 왔는데 귀신들이 나갔다가 도로 들어와서 완전한 해결이 안 되어 실망 끝에 그 교회를 나왔다고 말했다고 한다. 영성학교에 귀신의 문제를 해결하기 위해 온 수많은 이들도 이와 똑같은 말을 했다. 귀신이 나간 것 같았는데 집에 오면 다시 들어왔다고 말이다. 이런 저런 축사사역을 하는 곳을 전전하다가 영성학교까지 오게 되었다고 말이다. 그래서 영성학교에서는 축출기도를 할 때 드러나는 증상이나 현상을 보고 귀신이 나간 것을 판단하지 않는다. 기도훈련을 통해 성령이 내주하신 상태가 되어야 인정한다. 성령과 귀신은 한 몸에 기거할 수 없기 때문이다. 그러므로 인터넷 카페나 유튜브 채널에서 귀신 쫓는다는 동영상을 마구 올리면서 실감나게 주장해도 이들의 말이 아니라 열매로 분별하셔야 할 것이다.

4. 내적치유

작금의 우리네 교회에서 인기 있는 내적치유는 어떤 의미인가? 먼저 내적치유자들의 일반적인 설명을 말씀드리겠다. 예수를 믿은 후에도 예전의 악습관을 버리지 못하거나 문제 행동을 한다. 어렸을 때 심한 폭행을 당하거나 부모의 이혼으로 인한 상처 등이 있다면 성인이 되어서도 부모를 증오하며 용서하지 못하고 살아간다. 그래서 성령께 이 상처를 맡기고 치유받는 것을 내적치유라고 한다. 그렇지만 내적치유자들은 심리학적인 방법을 사용하고 있다. 타악기를 동원하는 열정적인 찬양으로 집회분위기를 띄우고 특정한 단어나 구절을 반복해서 외치도록 해서 감정의 격앙을 일으킨다. 또한 편지를 태우고 바가지를 깨뜨리고 타이어를 쳐 대는 등의 기이한 방법을 동원한다. 이런 심리 치료는 이미 꿈 치료, 최면 치료, 음악이나 미술 치료 등의 방식과 다를 바가 없다. 예수님의 십자가 보혈 외에 다른 무슨 능력이나 방식이나 도구를 이용하여야 하는가? 그래서 내적치유집회에 참석하여 고질병이 치유되고 정신질환이 나았는가? 내적치유는 뉴에이지의 사상과 기법을 물려받은 사악한 방법으로 굿처럼 귀신을 달래는 것과 유사하다. 집회에 참석한 사람들은 감정이 격앙된 상태에서 신비적인 현상을 경험하고 있다. 그래서 당시에는 병이 치유된 것처럼 느껴지나 집에 돌아와서 그 병이 재발되는 것을 경험하게 된다.

성령께서는 필자에게 내적치유는 기도가 부족한 자들의 행태이고 귀신을 달래는 방식과 유사하다고 하였다. 이러한 비성경적인 치유 방식이 우리네 교회에 들어오게 된 경로는 신사도 운동을 적극적으로 받아들인 일부 대형 교회를 통해서이다. 신사도운동은 신비한 체험이나 기이한 경험 등을 성령의 역사라고 말하고 있다. 성령이 활동하시는 목적은 귀신을 쫓아내고 고질병을 치유하면서 영혼을 구원하는 것이 아닌가? 그러나 그들은 귀신에 대해 알지도 못하고 성령의 사람으로 훈련시켜 영혼구원사역을 하는 것도 아니다. 열광적인 집회 분위기에 몰입되어 특정한 주문을 외치면서 심리적인 격앙에 빠질 뿐이다. 이곳에서도 더러 질병이 치유될 수 있다. 마치 굿을 해서 병이 낫는 것과 마찬가지이다. 이는 귀신들을 달래서 병의 차도가 있도록 느끼는 것이지 완전한 치유를 하는 것이 아니다. 귀신들은 달래야 하는 존재가 아니라 쫓아내야 하는 존재이다. 성경을 보라. 예수님과 사도들은 기도로서 귀신을 쫓아내고 고질병을 치유하면서 복음을 전파하지 않았는가? 그런데 왜 성경에도 없는 기이한 방식이 동원되어야 하는가? 이 시대에 들어와서는 질병을 고치는 예수님의 보혈의 능력이 사라지기라도 했다는 말인가?

내적치유자들은 예수를 믿은 후에도 예전의 악습관을 버리지 못하거나 문제 행동을 하며 어렸을 때 심한 폭행을 당하거나 부모의 이혼으로 인한 상처 등이 있어 성인이 되어서도 부모를 증오하며 용서하지 못하고 살아가기 때문에 이 상처를 성령께 맡기고 치유 받아야 한다고 말하고 있다. 그렇다면 예수를 믿고 성령이 안에 계셨는데 그 성령이 잠만 쿨쿨 자고 계셨는가? 성령이 안에 계셨다면 이미 상처를 치유해 주셨을 것이 분명하다. 성령이 안에 계시지 않았기 때문에 상처가 치유되지 않는 것이다. 그 이유는 분명하다. 우리네 교회에서 성령님과 교제하는 기도의 습관을 가르치지 않기 때문이다. 성령이 안에 들어오셔서 깊고 친밀하게 교제한다면 우리의 상처를 아물게 해 주실 게 분명하다. 예수님께서 십자가의 보혈을 흘려주심으로 우리의 상처가 나았다고 선포하시지 않았는가? 그러나 십자가의 보혈의 능력이 가슴에 없으며 관념적인 교리로서 십자가의 의미를 배우고 지식으로 머리에 저장하고 있기 때문에 그 능력을 경험하지 못하는 것이다. 성령이 우리 안에 들어오셔서 통치하시면 미움과 분노, 두려움과 억울함, 자기연민의 부정적인 마음을 청소해 주신다. 이런 마음과 생각은 귀신이 넣어주는 죄의 덫이기 때문이다. 그러므로 심리적인 기법과 기이한 현상을 좇는 내적치유에 더 이상 속지 말고 대신 골방에 들어가서 하나님의 이름을 부르고 전심으로 성령의 내주를 간구하면서 하나님의 영이자 예수 그리스도의 영과 깊고 친밀한 교제의 습관을 들이라. 그 길만이 당신의 뿌리 깊은 상처를 낫게 할 수 있는 유일한 방법이다.

미혹의 영과 싸워 이기는 비결

미혹의 영과 잘 싸우지 못하는 사람은 이미 그들에게 생각이 잡혀 있는 사람이다. 그런 사람도 세 부류로 나누어진다. 먼저 미혹의 영에 의해서 영혼이 병들어 있는 사람이다. 성경적인 표현으로는 헬라어로 '다이모노조메논(δαιμονιζόμενον)'이며 영어로는 demon-possessed, 우리말로는 '귀신 들린'이다. 귀신 들린 사람들은 대부분 정신질환을 앓고 있지만 성경은 맹인, 벙어리 등의 장애자도 귀신에 사로잡혀 이런 장애를 가져왔다고 말한다. 그러므로 정신이 장악당해서 각종 중독이나 장애, 고질병, 정신질환, 악성부채, 가정파탄 등의 불행에 빠져 있다면 영혼이 병들어 있다고 보면 된다. 두 번째 부류의 사람은 그 정도로 심하지는 않더라도 죄악 된 생각에 사로잡히면 좀처럼 벗어나지 못하는 사람들이다. 툭하면 화를 내고 시간이 지나면 용서해 달라고 하기를 반복하지만 그 상황이 오면 또 다시 화를 터뜨리는 사람이다. 또는 분노조절 장애도 여기에 속한다. 그래서 분노가 일어나면 절제가 안 된다. 걱정, 염려, 불안, 두려움, 미움, 시기, 질투 등의 부정적인 생각이 들어오면 싸우지 못하고 결국 받아들여서 이런 생각에 시달리는 사람이다.

첫 번째 부류의 사람들과 다른 점은 첫 번째 부류는 이미 정신과 육체에 심각한 장애나 고질병을 앓고 있고 가정에 파괴되고 삶이 황폐화되어 있다. 그러나 두 번째 부류의 사람들은 아직 그 정도로 심하지는 않지만 이런 생각에 사로잡히면 며칠이나 몇 주일간 지속되는 것이 다르다. 마지막 세 번째 부류의 사람들은 이런 부정적인 생각이 들어오면 받아들여서 적어도 한 시간 이상 시달리고 있다. 대부분의 사람들이 두 번째 혹은 세 번째 부류에 속할 것이다. 그러나 많은 가정들이 첫 번째 부류의 가족이 있어서 남은 가족들이 받는 고통이 상상을 초월한다. 그러나 자신이 몇 번째 부류의 사람이든지 미혹의 영의 공격에 잘 싸우지 못하고 번번이 패배하는 것이다. 그러면 미혹의 영의 공격에 어떻게 하면 잘 싸워 승리하는지 살펴보자.

1. 항상 깨어 있어야 한다

항상 깨어 있다는 것은 하나님의 생각으로 가득 차 있는 상태이다. 미혹의 영은 상황과, 환경, 사람을 통해 교묘하게 공격하므로 성령께서 이를 깨닫게 해 주셔야 공격을 알아챌 수 있다. 그러므로 쉬지 않고 하나님을 부르고 예수피를 입에 달고 사는 기도의 습관이 아주 중요하다. 특히 이미 미혹의 영에 의해 영혼이 병들어서 정신질환이나 고질병에 시달리거나 가정이나 삶이 피폐해져 있는 사람들은 사방이 노출되어 있다. 이런 사람들은 입에 예수피를 달고 살지 않으면 순식간에 공격을 당해 부정적인 생각에 사로잡혀서 절절매거나 고통을 받게 된다. 미혹의 영과 가장 잘 싸우는 사람은 쉬지 않고 하나님의 이름을 부르거나 예수피를 입에 달고 살면서 하나님의 생각이 머릿속에서 떠나지 않고 있는 사람이다.

2. 선제공격을 하고 속사포를 쏴라

미혹의 영과 잘 싸우는 비결은 이놈들의 공격을 얼마나 빨리 인지하느냐에 달려 있다. 이놈들이 이미 생각으로 치고 들어와서 머리를 장악하게 되면 아무리 축출기도를 해도 생각이 사라지지 않는다. 그러므로 베테랑 군사는 이놈들이 공격하는 것을 인지하는 순간, 먼저 예수피나 예수 이름을 외치며 쫓아내야 한다. 또한 부정적인 생각이 들어올 틈을 주지 않아야 한다. 그래서 최대한 빨리 예수님이 십자가에 달린 장면을 머리에 떠올리면서 빠른 속도로 반복해서 예수피를 외치며 부정적인 생각을 몰아내야 한다. 이 싸움을 잘하지 못하는 사람들이 잘 넘어지는 사람들이다. 잘 싸우는 능력은 하루아침에 생기지 않는다. 그러므로 넘어졌더라도 죄책감에 빠지지 말고 즉시 회개하여서 회복하는 게 중요하다. 악한 영들은 죄책감에 시달리게 하여 믿음을 잃게 하는 데 선수이다. 어쨌든 정예 용사가 되려면 선제공격을 잘하고 예수피를 외치는 기도를 속사포로 쏘면서 놈들이 들어올 틈을 주지 않아야 한다.

3. 부정적인 생각이 사라질 때까지 축출기도와 회개기도를 멈추지 말라

전쟁에 많이 투입했던 베테랑 용사라도 얼마든지 넘어지는 일이 생긴다. 하물며 이제 막 전투에 투입된 이등병이라면 말할 것도 없으며 이놈들에게 장악을 당해서 영혼과 삶이 병든 상태라면 부정적인 생각들에 사로잡혀 있을 것이다. 그런 경우라면 다른 방법이 없다. 마음이 즐거워지고 평안해질 때까지 예수피를 집요하게 외치면서 쫓아내는 것이다. 이놈들의 공격의 능력과 자신의 방어 능력에 따라 차이가 있겠지만 평안하고 기쁜 마음이 들 때까지 축출기도와 회개기도를 멈추지 않아야 한다. 예수 이름과 예수피를 외치는 기도는 놀랍고 탁월한 능력이 있다. 그러므로 예수 보혈의 공로를 의지하며 끝까지 싸우는 사람만이 정예 용사의 반열에 오르게 되는 것이다.

제**4**부

악한 영과 싸워 이기라

악한 영과 싸우는 것이 어려운 이유

필자는 여러 사역을 병행하고 있지만 그중에서도 가장 힘이 드는 사역이 귀신을 쫓아내는 사역이다. 귀신들을 쫓아내려면 기도를 해도 오랫동안 전심으로 해야 하며 하루에 20분씩 두어 차례 기도하더라도 적지 않은 시간이 걸리는 게 보통이기 때문이다. 예수님이나 바울사도는 말 한마디에 귀신들이 혼비백산하며 쫓겨 나갔는데 필자는 여러 날 동안 진땀을 쏟아 가며 기도해야 하니 시쳇말로 죽을 맛이다. 소위 화려한 사역이라 하는 치유사역이나 예언사역은 박수라도 받지만 귀신을 쫓아내 준 사람은 끝나기가 무섭게 뒤도 돌아보지 않고 가 버리기 일쑤이다. 그리고는 그 뒤로는 연락조차 하지 않는다. 그동안 자신에게 일어난 사건들을 잊고 싶은 그 심정을 이해하지 못하는 바도 아니다. 말하자면 부끄럽고 두려웠던 사건을 아무에게도 알리고 싶지 않고 자신 역시 영원히 기억하고 싶지 않은 과거로 묻어 버리고 싶어서일 것이다. 물론 필자가 그들에게서 칭찬이나 대접을 받으려고 하는 사역은 아니지만 그래도 뒷맛이 그리 상쾌하지 않은 것은 분명하다. 그러나 귀신을 쫓아내는 사역은 모든 하나님의 종들에게 간판적인 사역임에 틀림없다.

예수님은 마귀를 멸하려고 이 땅에 오셨으며 귀신을 쫓아내고 질병을 고치시며 복음을 전파하셨고 그 뒤를 이어 사도들도 동일한 사역을 이어받았다. 그러나 이 시대의 종들은 그러한 일을 기피한다. 자신들이 기도의 능력이 없어서도 그럴 것이겠지만 피곤하고 고단한 사역인지라 축귀능력을 얻으려 하는 노력조차 없다. 그래서 교회에 가장 많은 귀신들이 운집해 있고 수많은 크리스천들이 그들의 포로가 되어 불행한 삶을 살아가고 있는 것이다.

다시 본 주제로 들어가 왜 필자는 예수님처럼 손쉽게 귀신을 쫓아내지 못하는지 오랫동안 궁금해했었다. 예수님은 바알세불이라는 호칭이 붙은 귀신의 왕을 언급하고 있다. 바알세불이라는 원어의 뜻은 '파리들의 대왕'이라는 뜻이다. 말하자면 수많은 파리 떼에 둘러싸여 권좌에 앉아 있는 여왕 파리를 생각하면 된다. 즉, 귀신들은 수효가 엄청나다는 뜻이 아닌가? 성경에 기록되어 있는 거라사 지방의 군대 귀신 사건을 아실 것이다. 예수님은 무덤 사이에서 옷을 벗고 다니며 고함을 지르며 주변 사람들에게 공포의 대상이었던 그 사람에게서 귀신을 쫓아내면서 그들의 이름을 물어보셨을 때, 그 귀신들은 자신의 이름을 '군대'라고 말했었다. 군대라는 단어는 헬라어로 '레기온(λεγεών)'인데 그 뜻은 로마군의 여단병력이라는 말이다. 그 당시의 로마군의 여단은 육천 명으로 이루어졌다. 말하자면 귀신들이 수천 마리가 떼를 지어 있다는 것을 말한다. 사실 필자가 귀신을 쫓다 보니 수많은 귀신들이 나왔다. 사람에 따라 차이는 있겠지만 대부분 수천 마리가 있다고 보면 된다. 그들은 떼를 지어 다니기 때문이다. 아무리 약한 동물도 떼를 지어 다니면 상대하기 어려운데 사람보다 영적 능력이 월등한 귀신들이 떼를 지어 들어가 있다면 이를 쫓아내는 게 어디 쉬운 일이겠는가? 그러나 많은 수효가 있더라도 탁월한 능력의 소유자라면 귀신들이 추풍낙엽처럼 떨어져 쫓겨날 것이 아닌가? 맞는 말이다. 그러나 우리는 예수님이나 사도들과 같은 엄청난 영적 능력이 없지 않은가? 인정할 것은 인정하자. 물론 우리도 성령으로부터 능력을 받는다면 사도들과 버금가는 영적 능력의 소유자도 될 수 있다. 물론 앞으로는 그럴 수도 있을지 몰라도 지금은 아니지 않은가?

필자가 귀신 들린 사람에게서 어느 정도 귀신들을 쫓아내면 무언가 강한 것이 배 쪽에서 움직이는 느낌이 든다는 사람들이 많았다. 다른 귀신들이 쫓겨나가도 아무런 느낌을 감지하지 못하다가 어느 정도 시간이 지나면 아랫배 부근에 견고한 성벽 같은 게 느껴진다는 것이다. 어떤 사람은 벌집을 짓는 형태 같다고도 하고 어떤 사람은 아파트 같다고도 하지만 공통점은 콘크리트같이 견고하다는 것이다. 그래서 기도하면 할수록 이 벽들이 조금씩 풀어져 나가는 느낌이 든다는 것이다. 그러나 그런 얘기를 들어도 눈으로 보이는 것도 아니고 검사 장비로 측정할 수도 없는 노릇이라 필자는 그저 듣기만 하였다. 귀신들은 온몸을 제집처럼 드나들며 뇌나 심장 등 주요한 장기 부근에 집결하고 있기도 한다. 그러나 배가 무슨 중요한 장기도 아닌데 왜 그런 느낌이 드는지 이해하기가 어려웠다. 그러다가 성령께서 얘기해 주시는 것으로 의문이 확 풀렸다.

악령의 조직에는 가장 우두머리 격인 사탄이 있으며 그 휘하에 귀신들이 있다. 그런데 귀신들도 능력이 천차만별이며 하찮은 것들부터 사탄의 오른팔 격인 막강한 능력의 귀신들이 있는데 성령께서는 보통의 귀신들을 저급한 영으로 칭하시는 반면, 막강한 위력의 귀신들을 고급영으로 칭하시며 마귀라는 별칭으로 부를 정도이다. 마귀라고 칭한 고급영의 공격 분야는 조금씩 다르겠지만 다른 귀신들에 비해 탁월한 능력이 있어 통상 대장귀신이라고 부르기도 한다. 그런데 이 대장귀신이 사람 안에 들어오면 저급한 귀신들을 불러 모아서 강력하게 묶어 감시와 통제를 한다는 것이다. 그래서 저급한 귀신들은 자유가 없어 나가고 싶어도 감시와 통제가 심해 울며 겨자 먹기로 묶여 있다는 것이다. 그래서 수많은 귀신들이 들어가 있는 것이다.

기도를 시작하면 하급귀신들부터 소리 지르며 나가는데 하품하고 침을 흘리고 기침하며 헛구역질에 심지어는 구토까지 하면서 큰 소리를 질러 대며 나가는 것이 보통인데 이는 그들이 가슴이나 배에 집을 짓기 때문이다. 그런 처절한 싸움 끝에 휘하 부하들을 잃은 대장귀신도 두렵고 불안해하며 슬그머니 빠져나가게 되는 것이다.

많은 크리스천들이 귀신을 쫓아내고 싶어도 쫓아내지 못하는 이유는 성령이 안에 계시지 않기 때문이다. 귀신들은 사람들의 가슴에 예수의 이름이 새겨져 있는지를 본다. 하나님이 함께해 주시지 않는 크리스천이라면 그들은 콧방귀를 뀌며 우습게 보는 것이다. 하급 귀신들은 성경을 읽거나 예배만 드려도 나갈 수 있다. 그러나 대장귀신을 쫓아내려면 성령의 능력을 가진 일꾼의 힘겨운 싸움의 기도로써만 나가는 것이다. 그러나 우리 주변에는 이러한 기도의 능력을 지닌 크리스천들이 드물다. 심판의 날이 더 가까워지고 있음에 악령들은 자신의 때가 얼마 남지 않은 것을 알고 최후의 발악을 하고 있다. 그들의 포로로 잡혀 있는 하나님의 자녀들을 구해 낼 기도의 용사가 절실히 필요한 이유이다. 그렇다면 구체적으로 어떻게 해야 악한 영들과 싸워 이기는 일당백의 정예 용사가 될 수 있는지 곱씹어 보도록 하자.

구마의식이나 축출기도문은 효험이 있는가?

예전에 「검은 신부들」이란 영화가 개봉되면서 구마의식에 대한 세간의 관심도 많아졌다. 구마의식이란 가톨릭의 구마신부가 마귀를 쫓아낼 때 행하는 의식이다. 그들이 하는 의식은 대략 두 가지가 있는데 영화에서 보듯이 라틴어로 된 기도문을 읽거나 십자가를 들이대면서 마귀에게 떠나가라는 명령기도를 하는 것이다. 이런 영화는 이전에 「엑소시스트」가 뜨면서 잘 알려진 투의 줄거리이다.

언젠가 독일로 건너간 개신교 목사가 마치 구마의식을 하는 것처럼 기도하며 사람을 구타하다가 저지른 살인사건이 인터넷 기사에 올라와 있어 흥미롭게 읽었다. 그 정황은 짐작하기에 그리 어렵지 않았다. 그 전에 기도원에서 이와 비슷한 사건이 적지 않게 일어났기 때문이다. 귀신을 축출한다고 눈 주위를 강하게 누르고 심지어는 묶어 놓고 두들겨 패다가 사람을 죽이는 불상사가 일어나곤 했기 때문이다. 아마 이들도 귀신이 들린 증상을 보이는 사람에게서 간절히 기도하며 귀신을 쫓아내려 했지만 여의치 않자 물리적인 행동까지 하다가 급기야 이런 사달이 벌어진 것 같다.

그렇다면 가톨릭의 구마의식이나 물리적인 행동을 하는 축출기도가 과연 효과적일까? 예전에 미국에서 가톨릭교도라는 어떤 분에게서 메일이 온 적이 있었다. 그는 귀신 들린 현상으로 몹시 괴로워하였으나 미국에 있는 가톨릭교회에서 어떤 도움도 얻을 수 없었다고 한다. 유일하게 도움을 받을 만한 곳이 바티칸의 교황청이라며 그곳에 구마신부가 있다는 말을 들었으나 너무 멀어 갈 수가 없다면서 필자에게 해결책을 요청해 왔다. 그의 말처럼 만약 가톨릭교회에서도 귀신을 축출하는 신부가 바티칸에 유일하다면 대부분의 성직자들은 악한 영을 쫓는 능력이 없거나 관심이 없다는 것일 게다.

그렇다면 과연 가톨릭의 구마의식이나 무당이나 도사들의 퇴마의식 혹은 개신교 목사가 하는 귀신 축출 방식기도 등의 퇴마 방식이 성경적이며 효과가 있을까? 먼저 무당이나 도사들이 하는 퇴마의식을 들어 보면 그들은 대부분 귀신들이 있다는 것을 눈으로 보거나 느낌으로 감지한다는 투의 말을 하고 있다. 그들의 말이 사실일지는 몰라도 전혀 성경적이지 않은 말이다. 만약 사실이라면 귀신들이 속여서 보이는 것 같은 착각을 일으키게 하는 것이다. 교회 주변에도 투시의 은사를 받아 귀신을 본다는 사람들이 더러 있다. 그러나 귀신들을 쫓아내는 일이 사역의 중심이었던 예수님이나 사도들도 귀신들이 눈에 보인다는 말을 한 적이 없다. 귀신들의 존재나 공격 방식을 잘 알고 있어서 탁월한 능력으로 쫓아냈을 뿐이다. 그렇다면 귀신이 눈에 보인다는 투시의 능력을 가진 사람들은 예수님이나 사도들보다 더 월등한 능력의 소유자들인가? 그러므로 그들의 말이 사실일지라도 전혀 성경적이지 않다.

먼저 가톨릭에서 행한다는 구마의식을 생각해 보자. 그들은 라틴어로 된 기도문을 읽는다고 한다. 그렇다면 귀신들은 그냥 우리말로 하지 않고 라틴어로 된 기도문을 읽어야 두려워서 도망치는가? 예수님이나 사도들은 라틴어에 대해 전혀 모르셨고 그 당시의 언어인 헬라어나 아람어로 귀신들을 쫓아냈을 것이다. 그러므로 라틴어로 된 기도문을 읽어야 귀신들이 쫓겨난다는 축출 방식은 전혀 성경적이지 않다. 죽은 언어인 라틴어를 알고 있는 신부들을 신성시하거나 신비적으로 보이려는 의식일 뿐이다. 그러면 십자가를 들이대며 귀신에게 나가라는 명령은 어떤가? 마귀가 십자가를 두려워하는가? 이 역시 웃기는 얘기이다. 마귀는 고대의 사형 틀을 상징화하는 십자가를 전혀 두려워하지 않는다. 십자가를 두려워한다는 것은 예수 그리스도의 보혈의 능력을 두려워한다는 의미라면 나름 개연성이 있을지 몰라도 그냥 십자가 형상을 두려워한다는 생각은 영화나 소설에 나올 법한 쇼일 뿐이다. 마지막으로 귀신에게 나가라고 명령만 하면 도망가는가? 이 행위는 조금 생각해 볼 여지가 있다.

> 하나님이 바울의 손으로 놀라운 능력을 행하게 하시니 심지어 사람들이 바울의 몸에서 손수건이나 앞치마를 가져다가 병든 사람에게 얹으면 그 병이 떠나고 악귀도 나가더라 이에 돌아다니며 마술하는 어떤 유대인들이 시험 삼아 악귀 들린 자들에게 주 예수의

이름을 불러 말하되 내가 바울이 전파하는 예수를 의지하여 너희에게 명하노라 하더라 유대의 한 제사장 스게와의 일곱 아들도 이 일을 행하더니 악귀가 대답하여 이르되 내가 예수도 알고 바울도 알거니와 너희는 누구냐 하며 악귀 들린 사람이 그들에게 뛰어올라 눌러 이기니 그들이 상하여 벗은 몸으로 그 집에서 도망하는지라 (행 19:11~16)

위의 사도행전의 말씀은 귀신들이 어떻게 쫓겨나는지에 대한 실마리를 제공해 주고 있다. 스게와의 일곱 아들들은 바울이 예수님을 의지하여 귀신을 쫓아내는 것을 보고 자신들도 그대로 따라하고 있다. 아마 예수님의 이름이나 예수 보혈의 공로를 의지하는 기도로서 귀신들을 향하여 나가라고 명령하였을 것이다. 그러나 귀신들은 그들의 말에 코웃음을 치면서 도리어 그들을 무력으로 제압하는 코미디 같은 사건을 연출하고 있다. 그렇다면 귀신들은 무엇을 두려워하는가? 라틴어로 된 기도문인가, 아니면 십자가인가? 아니다. 귀신들이 두려워하는 것은 예수 그리스도의 이름이나 예수님의 보혈의 공로를 의지해서 기도하는 것이지만 제일 중요한 것은 '누가' 기도하는가이다. 말하자면 그들은 성령이 동행하시는 성령의 능력을 지닌 사람이다. 그래서 예수님을 두려워했고 사도들을 무서워하며 도망쳤던 것이다. 그러나 예수 그리스도의 보혈의 능력이 가슴에 새겨지지 않은 사람들은 전혀 두려워하지 않았다. 그런데 라틴어로 된 기도문이나 십자가 형상을 두려워해서 도망친다는 게 말이 되는가? 이처럼 귀신들이 두려워하는 것은 가톨릭 구마신부가 거행하는 구마의식이나 개신교 목사의 축사 기도 형식이 아니라 어떤 사람이 기도하는가이다. 그러므로 성령의 능력을 보유한 하나님의 사람이 축출기도를 한다면 귀신들이 무서워서 도망칠 것이다. 그러나 성직자 복장을 하고 십자가 목걸이를 두르고 유창하게 축사기도를 한다고 해도 그 사람이 성령의 사람이 아니라면 귀신들은 콧방귀를 뀌면서 우습게 볼 것이다.

귀신 축사에 대한 진실

필자의 주된 사역은 성령 내주를 위한 기도훈련을 하는 것이다. 그러므로 필자가 요구하는 기도를 시작하면 몸 안에 잠복해 있는 귀신들의 증상이 드러나거나 공격하는 일이 시작된다. 귀신들의 목적은 기도를 방해하는 것이다. 그래서 필자는 귀신이 잠복해 있는 사람들에게서 귀신을 쫓아내는 사역을 병행하고 있다. 그러면 귀신이 나가면서 귀신들이 일으킨 정신질환과 고질병이 치유되고 있다. 필자가 시행하는 귀신 축출기도는 다른 곳에서 배운 것도 아니고 다른 사람에게서 본 적도 없다. 귀신이 쫓겨나는 것은 오직 성령의 능력이 나타나야 한다. 물론 이 같은 사역도 성령의 인도하심에 의해서 자연스럽게 하게 되었으며 3년 동안 성령께서 필자에게 훈련하는 과정을 통해 축출기도에 대한 전반적인 내용을 습득하였음은 물론이다.

I. 귀신을 쫓아내는 특정한 기도문이나 기도 방식은 없다

귀신은 특정한 축출기도문에 의해서 쫓겨나는 것이 아니며 기도하는 사람에게 예수 그리스도의 보혈의 능력이 가슴에 새겨져 있는지 보고 있다. 그래서 기도하는 사람에게 성령의 능력이 없다면 콧방귀도 뀌지 않거나 도리어 속이려고 한다. 필자를 찾아온 사람들은 그동안 교회를 열심히 다니던 일등 신자가 대부분이다. 교회에서는 이들에게 이미 성령이 내주하고 있으며 이들은 천국에 들어가는 자격을 가졌다고 가르쳐 왔다. 이 사람들은, 그들 안에 성령이 아니라 귀신이 잠복해 있다는 것을 알고 경악을 금치 못하였다. 평생 교회를 열심히 다니는 사람들 안에 귀신들이 살고 있다는 것은 귀신들이 크리스천이라도 전혀 두려워하지 않는다는 증거이다.

귀신들이 두려워하는 것은 예수 그리스도의 보혈이 가슴에 새겨져 있는 사람이고 그 사람들이 바로 성령이 내주하시고 성령의 능력이 있는 사람들이다. 그러므로 귀신을 쫓아 보면 자신들에게 성령의 능력이 있는지 어렵지 않게 알게 될 것이다. 일단 자신 안에 귀신이 잠복해 있다면 자신에게 성령이 없다는 증거일 터이고 귀신이 잠복한 사람에게 축출기도를 해도 귀신들이 아무런 반응을 보이지 않는다면 이 역시 성령이 없는 사람이라고 보면 된다. 필자에게 기도훈련을 요청한 사람들은 모두 크리스천이었으며 그들의 70%가량이 귀신이 잠복한 증상이 드러났다. 이 같은 필자의 주장을 믿지 못하겠지만 필자는 지금까지 수백 명의 귀신 들린 사람들에게서 귀신을 쫓아내면서 쌓은 경험을 토대로 철저하게 사실을 바탕으로 주장하는 것이다. 그러나 귀신을 쫓아낸 경험이 없다면 필자의 글은 공허한 소설에 불과할 것이다.

귀신이 도망치는 것은 성령이 내주한 사람들을 두려워하며 쫓겨나가는 것이지 특정한 기도 방식이나 기도문이 효험이 있어서 그런 것은 아니다. 물론 귀신들이 '예수이름'이나 '예수피' 등의 단어를 무서워하는 것은 사실이다. 그러므로 어쩌다가 약한 놈들을 쫓아낼 수 있다. 그러나 중간급이나 센 놈이 도망치지는 않는다. 그러므로 강한 귀신을 쫓아내려면 교회 마당을 밟는다고 되는 것이 아니라 성령이 내주하는 기도의 습관을 들여서 성령과 깊고 친밀한 교제를 나누는 사람이 되어야 할 것이다.

2. 교회에 귀신이 들어올 수 없으며, 교인들에게 귀신들이 범접할 수 없다는 말은 허구이다

가룟 유다는 예수님을 판 사악한 악인의 대명사로 알려져 있지만 그가 처음에는 예수님이 발탁하신 열두 제자에 들어간 것을 간과하지 마시라. 그만큼 예수님이 보시기에 믿음과 인품이 출중했다는 얘기가 아닌가? 또한 열두 제자 중에서도 돈궤를 맡을 만한 지도력과 신임을 받았던 리더급에 속해 있었다. 그만큼 그는 똑똑하고 지혜로운 인물이었다. 그러나 그는 예수님이 십자가에서 돌아가실 것을 말씀하시면서 예수님이 왕이 되면 권력의 한 자리를 맡을 거라는 기대감이 실망으로 바뀌자 결국 사탄의 시험에 빠져 예수님을 팔 결심을 실행에 옮겼다. 이렇게 예수님의 열두 제자도 시험에 들게 하여 영혼과 생명을 사냥하여 지옥에 던져 넣게 하는 무시무시한 능력이 사탄에게 있다.

그때에 예수께서 성령에게 이끌리어 마귀에게 시험을 받으러 광야로 가사 사십 일을 밤낮으로 금식하신 후에 주리신지라 시험하는 자가 예수께 나아와서 이르되 네가 만일 하나님의 아들이어든 명하여 이 돌들로 떡덩이가 되게 하라 (마 4:1~3)

위의 내용은 예수님이 사탄에게 시험 받는 사건을 말하고 있다. 하나님이 왜 자신의 외아들인 예수님조차 사탄에게 시험 받게 내버려 두고 계신지 이해할 수 없다. 예수님은 어떤 죄도 없으신 분이 아니신가? 그런데 어떻게 하나님은 예수님조차 사탄에게 시험을 받도록 허락하셨는지 기이한 일이다. 그 이유는 하나님의 아들이신 예수님조차 육신의 몸을 입고 계실 때에 우리 인간의 고통을 몸소 체험하셔서 불쌍히 여길 수 있게 하셨으며 사탄의 유혹을 어떻게 이겨 내는지 우리에게 알려주기 위한 반면교사로 삼으신 것이다. 이렇게 예수님도 두려워하지 않고 담대하게 시험하는 사탄이 우리네 교인들을 두려워하며 벌벌 떨고 있다고? 그러면서 어떻게 하나님의 자녀들인 교인들에게 귀신들이 들어가서 잠복하고 공격하느냐고? 사탄과 귀신들이 무서워하는 것은 하나님밖에 없다. 당신이 귀신을 두려워하고 회피하고 있다면 귀신의 포로가 되어 살고 있다는 증거이다. 성령이 안에 계신 하나님의 자녀들은 귀신들과 싸워서 사탄의 결박에 묶인 사람들의 영혼을 구하고 하나님의 나라를 확장하는 도구로 쓰이고 있어야 하지 않겠는가?

3. 축출기도할 때 괴성을 지르고 사지를 뻗대더라도 귀신들이 죄다 나간 것이 아니다

귀신을 축사하는 사역자들이나 귀신을 쫓아낸다고 하는 사역기관에서는 그들이 축사를 할 때 귀신 들린 사람이 괴성을 지르고 사지를 비트는 현상이 일어나면 그 사람에게서 귀신이 죄다 나갔다고 말하고 있다. 그러나 절대로 그렇지 않다. 겉으로 드러나는 귀신들은 센 놈(고급영)이 아니라 중간급이거나 약한 놈(저급영)들이다. 성령께서 필자에게 말씀하시기를 센 놈이 몸에 들어와서 약한 귀신들을 불러들여서 집을 짓고 통제하고 있다고 하셨다. 그러므로 센 놈이 나가야 전쟁이 끝나는 것이다. 그러나 센 놈은 좀처럼 자신의 정체를 드러내지 않는다. 들어올 때도 조용히 들어오지만 나갈 때도 소리 소문도 없이 나간다. 그러므로 필자는 성령이 내주하시는 증거가 나타나지 않으면 센 놈이 나갔다고 인정하지 않는다.

앞에서 언급한 대로 대부분의 축사 사역자들은 귀신을 쫓아낼 때 괴성을 지르거나 사지를 뒤트는 현상이 일어나면 귀신이 나갔다고 주장한다. 그러나 시간이 지나면 예전의 귀신의 증상이 다시 일어난다. 그런 경우에 그들은 귀신이 다시 들어왔다고 주장한다. 그러나 필자의 경험에 의하면 귀신들이 죄다 나간 것이 아니다. 귀신들은 수백 마리에서 수천 마리가 들어와 있기 때문에 단번에 나가는 일은 극히 드문 일이다. 물론 하나님이신 예수님의 위력이라면 가능하겠지만 대부분의 사람들은 단번에 나가는 일은 거의 없다. 필자의 경험에 의하면 하급 귀신을 통제하는 센 놈(고급영)은 미혹의 영이거나 사나운 영이다. 미혹의 영은 속이는 데 선수이다. 그들은 자신을 성령인 것처럼 속이기 일쑤이며 세간에서는 조상신으로 속이기도 한다. 아니면 자신의 정체를 교묘하게 숨기고 있다. 그러므로 다양한 증거나 현상이 나타난다고 해서 귀신이 죄다 나갔다고 속단하지 말아야 할 것이다.

1960~70년대만 하더라도 귀신들을 분별하고 축사하는 사역자가 적지 않았지만 지금은 대부분의 목회자들이 이런 사역을 기피하고 있다. 그래서 귀신들의 존재 자체를 부정하거나 간혹 귀신을 쫓아내는 사역을 하는 이들이라도 단편적인 지식이나 경험을 앞세워서 잘못된 정보를 제공하고 있다. 그러므로 귀신들을 분별하고 완전하게 쫓아내려면 이 분야에 열매가 풍성한 전문가들의 조언을 토대로 판단하고 도움을 받아야 할 것이다.

귀신과 직접 싸워 보지 않은 사람들의 귀신 이야기는 소설에 불과하다. 전쟁에 직접 참여하여 적과 총부리를 겨누어 보지 않은 사람이 전쟁 다큐멘터리에 출연하여 이야기를 하는 것은 말도 안 되는 일이다. 그들이 말하는 내용들은 보고 듣고 경험한 것들이 아니라 남에게 들은 이야기나 책 혹은 자신의 머릿속에서 상상해서 지어낸 것일 뿐이다. 이들이 말을 잘하는 말쟁이이거나 글을 맛깔나게 쓰는 작가라면 사람들은 이들의 말과 글을 접하고 감탄을 자아낼 것이다. 그래서 개중에는 베스트셀러가 된 전쟁소설을 영화로 만들어 성공하기도 한다. 그러나 현실감이 생생하게 그려졌어도 진짜 있었던 일은 아니다. 그런데 가짜를 진짜처럼 여기는 사건이 있다. 바로 귀신에 대한 이야기이다.

지금은 고인이 되었지만 귀신 이야기를 책으로 써서 베스트셀러가 된 목회자가 있었다. 사람들은 그가 한 얘기를 진짜로 여기고 있지만 실상 그는

한 번도 귀신을 쫓아 본 적이 없다. 그래서 사람들이 "왜 당신은 귀신을 쫓아내지 않느냐?"라고 물어보니 귀신들을 쫓아내면 공격을 받아서 사역에 지장이 있기 때문에 직접 그런 일은 하지 않는다고 답변하였다고 한다. 그러나 그는 귀신에 대한 정보를 아주 그럴듯하게 말하였기 때문에, 실제로 귀신에 대해 잘 아는 사람이 아니라면 그의 이야기를 믿을 수밖에 없을 것이다. 그렇다면 귀신과 피 터지게 싸우지 않는 사람의 말이 진실일 수 있을까? 이는 전쟁터에 나가 보지도 않은 사람이 전쟁 이야기를 실감나게 하는 것과 다르지 않다. 말하자면 이들의 이야기는 거짓일 수밖에 없다. 아주 그럴듯하게 말하는 거짓일 뿐이다.

사실 우리네 교회에서는 귀신 이야기를 전혀 하지 않는다. 그래서 누군가가 교회 안에서 귀신 이야기를 하면 목회자들은 이들을 교회에서 쫓아내기 일쑤이다. 그러면서 거룩한 교회에 귀신이 어떻게 들어올 수 있으며 하나님의 자녀에게 어떻게 귀신이 들어오고 공격할 할 수 있냐고 말하고 있다. 그런 이야기를 들은 사람들은 "아하 그렇구나!" 하면서 안심을 하며 그들의 말을 듣는다. 그러나 그렇게 말하는 목회자들이 귀신과 싸워 보았던 경험이 있는 사람들인가? 아니다. 그들은 전혀 귀신을 만나 본 적도 없는 사람들이다. 그렇다면 그들의 말을 어떻게 믿을 수 있는가? 그들의 말이 아무리 그럴듯하더라도 사실은 거짓일 뿐이다. 그래서 우리네 교회에서는 귀신 이야기를 들을 수 없다. 그러나 가끔씩 책이나 인터넷에서 귀신 이야기를 실감하게 하는 사람들이라고 할지라도 그들이 실제로 귀신과 피 터지게 싸우면서 경험한 증거들을 내놓지 못한다면 이들의 말 역시 소설일 뿐이다.

우리의 씨름은 혈과 육을 상대하는 것이 아니요 통치자들과 권세
들과 이 어둠의 세상 주관자들과 하늘에 있는 악의 영들을 상대
함이라 (엡 6:12)

예수님이 공생애를 시작하면서 숨어 있던 수많은 귀신들이 세상의 전면
에 등장했다. 구약에서 볼 수 없었던 귀신 들린 사람들이 예수님에게 찾아
와서 귀신으로부터 해방을 받고 귀신들이 일으킨 불구와 고질병에서 회복
이 되었다.

예수님의 사역은 히브리서 2장 14절에 나온 것처럼 죽음을 통해 죽음의
권세를 잡은 자, 마귀를 멸하는 것이었고 하나님의 자녀들은 자신의 사역
을 할 것이라고 명령하셨다. 그래서 사도들과 제자들은 귀신을 쫓아내며
고질병을 고치는 등의 이적과 기적으로 영혼을 구원하고 하나님의 나라를
세워 나갔다. 그들은 자신들이 겪은 경험을 바탕으로 성경을 기록하여 귀
신들의 존재와 목적, 공격과 증세 등을 낱낱이 밝혀 주었다. 그러나 기이하
게도 이 시대의 우리네 교회에서는 귀신들이 증발해 버렸다. 귀신들은 영
이기 때문에 영혼 불멸의 존재이다. 그렇다면 초대교회 시절에 우글우글하
던 귀신들이 도대체 어디로 사라져 버리기라도 했단 말인가?

어쨌든 귀신이 두렵고 귀신을 쫓아낼 수 없는 우리네 교회의 지도자들
과 교인들은 교회에서 귀신 이야기를 하는 것조차도 못하게 입을 막아 버
렸다. 그래서 영적인 분별력과 영적 능력을 잃어버린 우리네 교회에서 진
짜 같은 가짜가 등장하게 된 이유이다. 귀신 이야기를 그럴듯하게 말하거
나 책으로 써서, 베스트셀러 작가가 되어 인세를 받아 부자가 되고 유명인
사가 되거나 인터넷에서 유명해진 이들이 등장하게 된 것이다. 이들이 아

주 그럴듯하고 생생하게 이야기를 하더라도 자신이 귀신을 내쫓으면서 얻어 낸 지식과 경험이 아니라면 소설에 불과하다. 그러나 거의 모든 크리스천들이 귀신 이야기를 교회에서 들어 볼 수 없으므로 이들의 이야기에 열광하는 것도 무리가 아니다. 그러나 가짜가 남긴 후유증은 심각하다. 사람들이 가짜 이야기를 실제로 착각하고 있고 그대로 믿는 경우가 허다하기 때문이다.

  그렇다면 예전에 귀신 이야기로 유명인사가 되고 지금은 대형 교회를 설립한 K 목사와 그가 말하는 B 귀신론은 어떤가? 수십 년 전 이야기지만 그는 귀신을 쫓고 귀신 이야기를 하면서 당대의 스타 목사가 되었다. 그래서 수많은 사람들이 그 교회에 몰려들었다. 그는 많은 군중이 보는 앞에서 귀신을 쫓으면서 귀신이 소리를 지르고 넘어지는 현상을 보여 주었다. 그래서 그가 말하는 귀신 이야기가 정설로 받아들여지기 시작했다. 기존 교회에서는 귀신에 대해 입을 꾹꾹 닫고 있는데 눈앞에서 귀신이 말을 하고 소리를 지르는 등의 기이한 행태를 눈으로 목격하면서 믿지 않을 수 없었다. 그러나 그가 일으킨 문제도 적지 않다. 그가 말한 내용의 핵심이 비성경적이라는 것이다. 귀신이 말하는 것을 믿으며 제 수명을 다하지 않고 죽은 사람이 귀신이 된다는 비성경적인 말을 퍼뜨렸다. 또한 모든 질병이 죄다 귀신들이 일으켰다고 주장하는 것도 그렇다. 귀신들이 정신질환과 고질병을 일으키는 것은 사실이지만 모든 질병이 죄다 귀신들이 일으킨다는 것은 성경적이 아니다. 그리고 귀신들이 말하는 것을 어떻게 믿을 수가 있는가? 귀신들은 거짓의 아비이며 속이는 데 선수들인 놈들이다. 그는 귀신의 실체를 드러낸 것까지는 좋았지만 비성경적인 귀신론을 퍼뜨려 귀신을 터부시

하는 기존의 교단으로부터 귀신을 쫓아내는 사람들을 공격하는 빌미를 제공하였다.

우리네 교회에서는 귀신에 대해 전혀 모르고 있다. 말하자면 귀신들이 교회와 목회자와 교인들을 잠들게 하고 속이는 데 성공한 셈이다. 그래서 우리네 교인들은 귀신과 피 터지게 싸운 경험이 없는 사람들의 가짜 이야기에 솔깃해하거나 귀신을 두려워하는 목회자들의 거짓말을 철석같이 믿고 있다.

정신질환과 고질병을 기도로 치유하라

하나님은 어떤 질병이라도 치유할 수 있는 분이시다. 그러나 우리네 교회는 성도들이 고질병이 있거나 정신질환자가 찾아와도 해결하려고 하지 않는다. 왜냐면 교회에 그런 능력이 없기 때문이다. 물론 주변에는 치유의 은사가 있다고 홍보하며 매주 치유 집회를 여는 곳도 더러 있다. 그래서 귀가 솔깃한 사람들이 떼로 몰려가고 있는 실정이다. 그러나 그들의 소원이 이루어졌다면 병원이 문을 닫고 의사들이 다른 직업을 찾고 있어야 할 것이다. 결론적으로 말하자면, 그들이 홍보하는 대로 결과가 이루어지지 않았고 성경에는 우리의 믿음을 무색하게 하는 말들이 널려 있다는 것이 우리가 마주한 차가운 현실이다.

믿는 자들에게는 이런 표적이 따르리니 곧 그들이 내 이름으로 귀

신을 쫓아내며 새 방언을 말하며 뱀을 집어올리며 무슨 독을 마실지라도 해를 받지 아니하며 병든 사람에게 손을 얹은즉 나으리라 하시더라 (막 16:17, 18)

너희가 기도할 때에 무엇이든지 믿고 구하는 것은 다 받으리라 하시니라 (마 21:22)

성경에는 믿는 자의 표적이 귀신을 쫓아내며 병든 자들을 치유하는 능력이라고 말하고 있으며 믿고 기도하는 것은 죄다 응답을 받을 것이라는 약속의 말씀으로 도배하고 있다. 그러나 왜 우리에게 이런 일이 일어나지 않는 것일까? 그 이유는 믿음이 없기 때문이다. 그러나 자신에게 믿음이 없다는 것을 받아들이지 않으므로 이 문제를 해결할 수 있는 시도조차 할 수 없다. 필자는 자신들에게 해결할 수 없는 삶의 문제가 있는 사람들에게 어떻게 하나님의 나라가 이루어질 수가 있겠냐고 반문하고 있다. 예수님은 하나님이 통치하시고 다스리시는 하나님의 나라가, 하나님이 우리 안에 들어오셔서 바로 우리 안에 이루어진다고 말씀하셨기 때문이다. 그러나 천국이 아니라 지옥을 경험하며 살고 있는데 어떻게 성령이 우리 안에 계셔서 구원을 얻게 되었다는 사실을 믿을 수 있겠는가?

그동안 필자는 성령이 내주하는 기도훈련과 악한 영의 활동성을 알리며 그들과 싸워 이기는 훈련을 하는 사역을 통해 수많은 사람들에게서 귀신을 쫓아내고 정신질환과 고질병을 치유하였다. 아시다시피 정신질환은 완치가 되지 않는 병이며 평생 고치지 못하는 병들이 고질병이 아닌가? 그런데 어떻게 이 질환들이 치유될 수 있는가? 거의 대부분의 정신질환과 상당 수의 고질병들의 원인이 귀신이기 때문이다. 그렇다면 성령이 내주하는 기도를 통해서 귀신을 쫓아내면 귀신이 일으키는 질병이 나아야 하지 않겠는가? 예수님의 사역은 귀신을 쫓아내고 수많은 병자들을 고치시면서 천국복음을 전파하신 것이었다. 그리고 사도들과 제자들도 예수님의 사역과 동일하게 귀신을 쫓아내고 각종 질병을 치유하면서 초대교회를 세우고 영혼구원사역을 해 나갔다. 그래서 귀신을 쫓아내고 질병을 고치는 깜짝쇼로 사람들의 관심을 집중하는 도구로 삼으셨는가? 아니다. 영혼구원은 악한 영에게 사로잡혀 있는 영혼들을 하나님께로 돌려보내는 일이며 악한 영들의 공격으로 인해 각종 고질병에 걸려서 신음하는 사람들을 치유해 주며 해방시켜 주는 일이다. 그러니까 귀신을 쫓아내면 당연히 고질병이 치유되고 정신질환이 낫는 결과가 나와야 할 것이다.

> **일어나 너의 발로 서라 내가 네게 나타난 것은 곧 네가 나를 본 일과 장차 내가 네게 나타날 일에 너로 종과 증인을 삼으려 함이니 이스라엘과 이방인들에게서 내가 너를 구원하여 그들에게 보내어 그 눈을 뜨게 하여 어둠에서 빛으로, 사탄의 권세에서 하나님께로 돌아오게 하고 죄 사함과 나를 믿어 거룩하게 된 무리 가운데서 기업을 얻게 하리라 하더이다 (행 26:16~18)**

위의 구절은 다메섹 도상에서 만난 예수님이 바울에게 하신 사역의 명령이다. 이처럼 영혼구원사역은 귀신을 쫓아내고 질병을 치유하는 사역과 떼어 내서 할 수 없는 것이다. 그러므로 성령이 당신에게 들어오시는 기도의 습관을 들여서 하나님과 깊고 친밀한 교제를 나누게 된다면 귀신이 쫓겨나고 고질병이 치유되는 것은 지극히 당연한 일이 아니겠는가? 그러나 사람들은 자신 안에 성령이 계신 증거가 없음에도 불구하고 계시다고 착각하고 있으며 믿는 자의 표적과 겨자씨만 한 믿음이 없는데도 구원을 얻는 믿음이 있다고 세뇌당하고 있다. 그래서 세상 사람과 아무런 구별이 되지 않으며 여전히 무능하고 무기력하게 살고 있다.

분노조절 장애, 중독 그리고 정신질환

위 3가지의 공통점이 무엇인지 아는가? 전부 다 정신질환이라는 것이다. 그러나 분노조절 장애는 성격상의 문제점이라고 여기며 우리나라는 알코올 중독에 관대하며 날이 갈수록 자녀들의 스마트폰 중독 증상이 가파르게 진행되고 있지만 부모들은 심각해하지 않는다. 그러나 최근 이러한 정신질환자들이 뜨거운 감자로 불거졌다. 예전만 하더라도 가족 중에 정신질환자가 있으면 쉬쉬하기 일쑤였지만 지금은 그 수가 하도 많아서 손바닥으로 가릴 수 없어졌다. 어린아이들이 ADHD, 틱 장애로 인생을 시작하며 청소년이 되자마자 우울증, 조울증, 공항 장애, 강박증, 자살충동, 정신분열 환자가 우리 주변에 널려 있다. 이러한 병들은 완치가 불가능하고 평생 좋아졌다가 악화되기를 반복한다. 호전되지 않더라도 악화되지 않으면 그나마 좋겠지만 대부분 희망사항에 불과하다. 아마 가족 중에 이런 환자가 한 사람이라도 있다면 남은 가족들마저 불행한 가족사의 주인공이 될 것이다.

요즈음은 아파트에서 충간소음으로 인한 분쟁이 뉴스에 종종 오르내린다. 권면하고 사정하러 갔다가 욱하는 성질에 살인하는 경우도 더러 발생한다. 좁은 주택가에 주차 문제로 인한 분쟁도 빠지지 않는다. 오늘 아침도 자신의 집 앞에 차를 세워 놓았다고 망치로 차를 때려 부순 사건이 발생했다. 그러나 이런 문제는 새 발의 피다. 아예 대놓고 '묻지마 폭행'과 살인사건이 일어나고 있다. 묻지마 폭행은 이유 없이 지나가는 사람을 폭행하는 것이다. 이런 사람은 100% 분노조절이 안 되는 사람이다. 분노가 치밀면 통제가 되지 않기 때문에 닥치는 대로 욕을 하고 폭행을 하다가 아예 살인까지 저지르게 된다. 이런 사람들을 가리켜 정신과 의사들은 분노조절 장애를 가졌다고 말한다. 분노가 치밀면 이성이 마비되어 통제 불능 상태가 된다는 말이다. 우리는 이런 사람들을 보면서 통제가 되지 않는 사람이라고 혀를 끌끌 차며 말하겠지만 본인은 평생 후회 막급한 사건의 당사자가 될 것이다.

중독도 자신이 통제할 수 없는 증세이며 가장 대표적인 중독이 알코올 중독이다. 최근에는 스마트폰 중독자의 수가 가파르게 상승하고 있다. 알코올 중독의 해악은 따로 말할 필요가 없을 정도이며 스마트폰이 없으면 불안해서 공부나 일이 손에 안 잡히는 사람이라면 스마트폰 중독자로 보면 된다. 이들은 스마트폰으로 정보만을 교환하려는 게 아니라 게임을 하거나 카톡, 페이스북 등 SNS로 사람들과 관계를 맺고 틈틈이 확인한다. 스마트폰이 없을 때 무인도에 고립되었다는 느낌이 들면 스마트폰 중독이라고 보면 무방하다. 아마 자녀들의 상당수가 스마트폰 중독 증세를 보이고 있을 것이고 대다수의 성인들도 틈만 나면 습관적으로 스마트폰을 만지작거

린다. 그 외 다른 중독으로는 도박이나 음란물, 도박 중독 등이 있으며 최근 취미나 운동에 대한 중독 증세를 보이는 사람들이 늘어나고 있다. 중독은 쾌락을 탐닉하다가 아예 정신 줄을 놓은 사람들을 말한다. 그래서 중독자가 되면 정상적인 생활을 유지하기 힘들다. 자신이나 가족 중에 중독자가 있다며 불행을 예약했다고 해도 과언이 아니다. 중독은 단지 중독에 그치는 것이 아니라 폭행과 범죄로 이어지고, 정신을 피폐하게 하며 육체를 황폐화시키기 때문이다.

불면증, 우울증, 조울증, 강박증, 공황 장애, 자살충동, 정신분열은 물론 ADHD, 틱 장애 등의 정신질환은 한마디로 정신이 통제가 되지 않는 상태의 증세를 말한다. 말하자면 컴퓨터의 프로그램에 바이러스가 침투해서 컴퓨터가 제대로 작동이 안 되는 것과 마찬가지이다. 그러나 대부분의 정신질환 환자들은 가벼운 증세나 간헐적인 증세를 보이기 때문에 정신과를 찾아가 상담을 하고 약을 복용하면서 위급한 상황을 넘기려고 한다. 그러나 정신과 약물은 치료를 위한 약이 아니라 정신능력을 약화시켜서 무기력하게 만들어서 날카로운 상태를 벗어나게 해 주는 것이다. 그래서 정신과 약물을 장기 복용한 사람들은 정신력이 현저하게 떨어지는 것을 경험하게 된다. 그러나 따로 방법이 없기에 약을 복용하며 상태가 악화되는 것을 피하고 있지만 장기적으로는 정신능력을 마비시키는 부작용이 따른다.

분노조절 장애, 각종 중독, 일반적인 정신질환 증세는 전부 정신질환의 범주에 들어간다. 정신질환이란 지적능력이 떨어지거나 제대로 작동이 되지 않는 질병이다. 그러므로 자신이나 가족 중에 이런 증세를 지닌 환자가 있다면 전부 정신질환자가 될 판이다. 그럼에도 정신질환은 완치가 되지 않는다는 게 심각한 문제이다. 그렇다면 왜 이런 정신질환이 생겨나는 것일까? 병원에서는 현대인들이 엄청난 스트레스를 받으며 치열한 경쟁에서 살아남으려다가 무리해서 정신 상태에 과부하가 걸린 결과라고 말하고 있다. 그럴지도 모른다. 그러나 문제는 정신질환은 완치가 없다는 것이다.

필자는 귀신 들린 자들에게서 드러나는 정신질환 증세를 보고 귀신들이 일으키는 정신질환이 일부에 그치는 것인지 아니면 전부인지 궁금해졌다. 그래서 성령께 이 문제에 대해 여쭈어 보았다. 성령께서 말씀해 주신 내용을 그대로 옮겨보겠다.

"정신질환 환자들은 악한 영들 중에서도 지도자급의 영인, 미혹의 영이 많이 들어 있으며 주로 병의 시작 단계에서 많이 들어간다. 가난하고 도덕적으로 문란한 가정이나 개인과 단체 속에 들어가 그들의 머리를 공격하고, 생각을 지배해서 자기가 하고자 하는 것에서 멀리 떠나 자꾸 허공 속에서 사는 것처럼 멍하니 바라보게 하거나, 기분이 나쁠 때나 슬플 때, 주로 밤사이에 이들이 집중적으로 공격해서 가정을 무너뜨리고 지혜롭지 못한 생각으로, 자기 자신이 누구인지 모르는 삶을 살게 한다. 이러한 자들이 오늘날 무수히 많은 것은, 시대가 악해질수록 이들의 공격이 더욱 거세지고 있고 사람이 악해짐으로 인해서 더욱 이들의 활동이 왕성해지기 때문이다."라고 대답해 주셨다.

이처럼 필자가 알게 된 각종 정신질환의 원인은 과도한 스트레스나 치열한 경쟁 때문에 정신 상태가 과부하가 되어서가 아니라, 귀신의 공격 때문이라는 것이다. 이것이 현대의학으로 정신질환이 완치가 안 되는 이유이다. 그렇기에 정신질환은 근본적인 원인을 제공하는 악한 영을 쫓아내야 비로소 완치가 가능하다. 그러나 필자의 주장을 진지하게 듣는 이들도 별로 없을 것이다. 필자가 이런 주장을 늘어놓는 것이 어려운 게 아니라 귀신을 쫓아내고 정신질환을 회복시키는 것이 힘든 게 아닌가? 만약 실제로 그런 일이 일어난다면, 예수님과 사도들이 귀신을 쫓아내고 질병을 치유하면서 영혼을 구원하고 하나님의 나라를 확장했다는 성경의 사실을 진지하게 받아들이게 될 것이다.

가족력질환의 비밀

가족력의 사전적인 정의는 양친, 조부모, 형제자매, 남편, 아내, 아이들, 그 밖의 혈연 관계에 있는 사람들에 대한 질환의 유무, 원인 등을 말한다. 특히 유전적 또는 체질적인 질환에 대해서 문진하고 진단의 자료로 도움이 되게 한다. 고혈압, 당뇨병, 심혈관 질환, 치매, 뇌종양, 아토피 피부염, 골다공증, 전립선 비대증, 탈모와 더불어 간암, 폐암, 유방암, 대장암, 갑상선암 등의 각종 암도 여기에 포함된다. 그러므로 가족력의 질환이 있는 가족들은 전전긍긍하며 불안함을 감추지 못할 것이다. 이처럼 가족력 질환은 유전자와 밀접한 관계가 있는 질병이다. 그런데 예전에 성령께서 귀신들이 유전자를 공격하고 조작한다는 말씀을 하신 적이 있어 이때부터 필자는 가족력 질환을 눈여겨보고 있다. 그렇지만 필자가 국가 자격증이 있는 의사가 아니기에 필자를 찾아와서 기도훈련을 하는 사람들에게 있는 고질병이 가족력 질환인지 살펴보고, 악한 영을 쫓아냈을 때 이 질환이 치유된다면 성령께서 말씀하신 귀신의 조작이 증명될 것이다. 그렇다면 귀신들은 어떻게 가족들에게 침입해서 유전자를 조작하면서 고질병을 유발하는가?

성령께서 귀신이 어렸을 때부터 들어오는 3가지 경우 중 2가지가 바로 가정에서 어렸을 때부터 생겨난 것이라고 말씀하셨다. 하나는 무속이나 타종교를 믿는 부모나 조부모와 함께 살면서 양육 받은 자녀들에게 악한 영들이 들어온다고 말씀하셨다. 또 하나는 결손가정 자녀에게 악한 영들이 들어간다고 말씀하셨다. 그러나 이를 증명하는 것은 개인적인 경험에 의한 것이다. 필자에게 기도훈련을 받은 사람 중에는 어머니가 무속인이거나 어렸을 때 오랫동안 절에서 자란 이들이 있다. 이들은 전부 엄청나게 많은 숫자의 귀신들이 들어가 있었다. 그래서 이들로부터 귀신을 뽑아내는 데 강력한 축출기도가 필요했으며 자신들도 힘들고 어렵게 기도훈련을 받으며 쫓아내야 했다. 귀신들은 이 사람들에게 들어가서 각종 고질병과 정신질환 그리고 여러 중독에 시달리게 했기에 심신이 허약한 사람들이 많았다.

이처럼 악한 영들은 가정에서 어린 자녀들에게 잠복해서 유전자를 조작하고 공격해서 생명과 영혼을 사냥한다. 그래서 가족력 질환이 생기는 것이다. 영성학교에 기도훈련을 받으러 오시는 분들 중에는 가족이 함께 오시는 분들이 적지 않다. 부모와 자녀들이 다 같이 귀신이 잠복해 있는 이들은 같은 고질병을 앓고 있는 경우가 많다. 당연히 기도훈련을 하면 귀신들은 존재감을 드러내면서 쫓겨난다. 그러면서 가족력 질환이 치유되는 현상이 생기는 것이다. 한 예로, 오랫동안 심장질환을 앓고 계신 아버지가 계신데 어린 자녀도 같은 질환으로 어렸을 때 수술을 했다고 한다. 그런데 둘다 귀신이 잠복했으며 쫓겨나면서 이 질환이 치유되고 있다. 하나님의 구원계획은 가정 단위이다. 그래서 홍수로 세상을 심판하실 때 구원하셨던 노아도 가족들과 함께 구원하셨으며 소돔과 고모라에 살던 롯도 가족들과 함께 구원하셨다.

악한 영들은 가정을 파괴시켜서 가족들의 생명과 영혼을 사냥하려 하지만 반대로 하나님은 가정의 식구들이 함께 악한 영들에게서 벗어나 구원받기 원하신다. 가정을 지배하고 있는 귀신들이 쫓겨나면서 고질병이 치유된다면 가족력질환이 그 중심에 있는 게 당연하지 않겠는가? 그러나 우리네 교회는 귀신의 존재에도 무지하고 귀신들의 공격을 알아채고 쫓아낼 힘이 없다. 그래서 교인들이 정신질환과 고질병이 있다고 해도 주변에 잘 고치는 병원을 찾아다니지 교회의 치유를 기대하지도 않는 이유이다. 당신에게 이런 가족력 질환이 있다면 병원을 찾아다니면서 돈과 시간을 허비하지말고 못 고치는 질병이 없으신 성령의 능력을 기대하는 것이 성경적이 아니겠는가?

기도로써 병이 치유되는 과정

> 예수께서 각색 병든 많은 사람을 고치시며 많은 귀신을 내어 쫓으시되 귀신이 자기를 알므로 그 말하는 것을 허락지 아니하시니라 (막 1:34)

> 그의 소문이 온 수리아에 퍼진지라 사람들이 모든 앓는 자 곧 각
> 색 병과 고통에 걸린 자, 귀신 들린 자, 간질하는 자, 중풍병자들
> 을 데려오니 저희를 고치시더라 (마 4:24)

예수님의 중점적인 사역은 귀신을 쫓아내고 질병을 치유하시는 것이었다. 그래서 이 소문을 들은 수많은 백성들이 예수님을 찾아왔던 것이다. 또한 예수님은 귀신을 쫓아내고 불구를 회복시키고 질병을 치유하시면서 이 질병이나 불구의 원인이 바로 귀신임을 콕 집어서 말씀하셨다. 그래서 벙어리 되고 눈멀게 하는 귀신, 귀신 때문에 허리가 꼬부라진 여인, 귀신 들려서 간질병과 정신병자가 되었다고 말씀하고 계시다. 그렇다면 귀신을 쫓아내면 불구가 회복되고 고질병이 나아야 되지 않겠는가? 그게 성경에서 말하는 성령의 사역이고 증거이다. 그러나 이 시대에는 예수님과 사도들이 했던 사역을 하는 이들을 눈 씻고 찾아볼 수가 없다. 수많은 교인들이 방언을 말하며 어떤 이들은 예언을 하고 어떤 이들은 성령 춤, 방언 찬송, 웃으며 뒤로 자빠지고 금가루가 손바닥에 떨어지고 다른 이들의 아픈 게 전이된다는 임파테이션이 성령의 역사라고 주장한다. 그러나 이 같은 현상이 성경에 없는 내용이거나 성령의 역사라고 하더라도 성령의 증거나 변화, 능력이나 열매가 없다면 귀신의 속임수일 것이다.

필자의 사역은 사도들처럼 엄청나고 놀랍지는 않지만 비슷한 흉내는 내고 있다. 성령이 내주하는 기도훈련을 통해서 귀신이 드러나면 이를 쫓아내는 과정에서 고질병이 치유되는 일이 허다하다. 그래서 필자는 세상에서 해결할 수 없는 정신질환과 고질병으로 고통 받고 있는 사람들에게 손을

내밀고 있다. 그간 축출을 통해 귀신을 쫓아내고, 귀신이 쫓겨 나가면 정신질환과 고질병이 치료되는 일이 수도 없이 일어났기 때문이다. 그러면 어떤 과정을 통해 정신질환이나 고질병이 치유되었는지 그간의 과정을 되짚어 보겠다.

정신질환자들과 상당수의 고질병 환자들의 몸 안에는 수천 마리의 귀신들이 들어 있다. 이들이 하나님을 부르는 기도를 시작하면 귀신들이 드러나는 현상을 보이기 시작한다. 물론 사람마다 증세가 다르지만 나름대로 규칙적이고 일정하게 드러나는 현상이 있다. 그래서 필자가 이 현상을 토대로 귀신들의 활동이나 공격의 데이터를 쌓아 놓은 셈이다. 하나님을 부르는 기도를 시작하면 가장 먼저 나가는 귀신들이 하급영이다. 하급영들은 두려움이 많아서 떼를 지어 도망치기 일쑤이다. 그다음에 나가는 귀신들은 중간급의 귀신이다. 중간급의 귀신들은 그냥 나가는 것이 아니라 몸을 아프게 하거나 두려움을 주거나 정신을 혼미하게 하거나 머리를 아프게 하는 등의 공격을 한다. 그러나 이들이 나가거나 공격하고 있는 와중에도 센 놈은 이를 관망하고 있다. 센 놈은 미혹의 영이다. 미혹의 영이 하급귀신과 중간급의 귀신들을 통제하고 있다. 그래서 기도를 시작하면 많은 숫자가 나가면서 몸이 회복되기 시작한다. 특히 몸을 공격하여 아프게 하는 중간급의 귀신들이 나가면 몸이 확연하게 낫는 현상을 보인다. 물론 본인의 기도의 강도를 높이고 중보기도 혹은 성령의 능력이 있는 축출기도자의 기도를 받는다면 신속하게 나을 것이다. 필자의 경험으로는 기도 훈련자들은 2개월을 기점으로 확연한 변화를 보인다. 그러나 2개월이 지나면 귀신의 숫자는 많이 줄어들어서 확연한 치유의 현상은 보이지만 남은 놈들은 중간급이나 센 놈들만 남아 있게 된다. 이들은 그동안의 기도의 강도와 빈도를 가지고는 쉽지 않다. 그래서 70~80%는 좋아졌지만 뿌리가 안 뽑히고 있거나 중간급 놈들과 센 놈들의 숫자가 많고 오랫동안 몸 안에 집을 짓고 자리를 잡고 있었다면 긴 시간 동안 사투를 벌여야 할 것이다.

중풍이나 치매, 뇌경색, 암, 당뇨, 심장병 등의 성인병이나 중병에 걸렸거나 불치의 병 혹은 몸이 오랜 기간에 걸쳐 쇠약해져서 또는 면역력이 약해져서 여러 고질병에 시달리는 심각한 상태에 있는 경우라면 비교적 신속하게 치유가 일어난다. 그러나 중병이나 성인병은 적어도 몇십 년의 세월 동안 천천히 진행되어 몸이 쇠약하게 되어 면역력이 약해지고 질병에 취약한 장기부터 서서히 위독한 상태가 된 것이다. 그러므로 위독한 병에서 벗어나는 것과 몸이 회복이 되어 건강해지는 것은 별개이다. 말하자면 몸이 원래의 건강한 상태로 되는 것은 장기간의 기도가 필요하다는 뜻이다. 그러나 열심히 기도하다가 어느새 느슨해지거나 기도 줄을 놓친다면 예전의 위독한 상태로 돌아갈 것이다. 왜냐면 센 놈들이 정체를 드러내지 않고 꼭꼭 숨어 있다가 기도가 약해지는 틈을 타서 공격하기 때문이다. 그래서 센 놈들이 뿌리가 뽑히고 건강한 몸으로 회복되는 상태까지 되려면 오랫동안 꾸준히 기도하는 습관을 들여야 한다. 물론 이는 필자가 그동안 수백 명의 사람들에게서 귀신을 쫓아내고 고질병을 치유하면서 알아낸 정보와 경험에 의한 것이다. 성경에는 이렇게 구체적이고 자세하게 나와 있지 않기 때문에 그동안 겪은 필자의 체험으로 말씀드리는 것이다. 어쨌든 귀신들은 죄를 짓게 만들어서 하나님을 떠나게 하고 몸과 영혼과 삶을 파괴하고 불행에 빠뜨려서 고통을 주고 생명을 사냥하는 놈들이다. 그러므로 성령이 내주하는 기도습관을 들이는 것만이 이 땅에서 평안하고 건강하게 천국을 누리다가 영원한 천국에 들어가게 될 수 있는 길이다.

사역 중에서 가장 쉬운 일은 고질병을 치유하는 것이다

필자의 사역 중에서 가장 쉬운 일이 고질병을 고치는 것이라는 주장에 대해 어떻게 생각하는가? 고질병이란 고쳐지지 않는 질병을 말한다. 그런데 '현대의학과 의료기술로도 못 고치는 고질병을 고치는 게 영성학교에서 가장 쉬운 일이라고? 아니 그동안 병이 좀 나았나 본데 이렇게 뻥을 쳐서 순진한 사람들을 유혹하고 혹세무민하려 들다니….' 하면서 혹자는 슬그머니 부아가 치밀 것이다. 그러나 필자의 얘기는 영성학교를 찾아오는 사람들에게 늘 하는 말에 불과하다.

영성학교에서 하는 사역은 성령이 내주하는 기도훈련을 하는 것이다. 그러나 성령이 내주하는 기도훈련은 귀신과 피 터지는 싸움을 피할 수 없고 귀신을 쫓아내면서 귀신이 일으켰던 정신질환과 고질병이 치유되는 과정을 동반한다. 영성학교가 문을 열고 사역을 시작한 지도 5년이 되었다. 그동안 천 명이 넘는 사람들이 찾아왔고 지금은 백오십 명에 가까운 사람들이 기도훈련을 마치고 영성학교에 눌러앉아 이곳을 교회공동체로 섬기고 있다. 그동안 영성학교에서 어떤 일이 있었는지는 크리스천 영성학교 다음 카페의 후기로 낱낱이 올리고 있으므로 그 내용들을 꼼꼼하게 읽고 나서 영성학교에 찾아와서 사람들을 붙들고 진짜 그런 일이 있었는지 확인해 보면 된다. 그러나 한 걸음에 달려와서 진짜로 그런 사실이 있었는지 확인하는 사람들은 거의 없다. 물론 적지 않은 이들이 정신질환과 고질병의 문제로 찾아와서 이 문제를 해결 받기를 원했었다. 그러나 필자는 그들에게 머리에 손을 얹고 기도해 줌으로써 질병을 치유하지 않는다. 영성학교는 성령이 내주하는 기도훈련을 하는 곳이므로 영성학교에서 요구하는 기도훈련을 따라할 것을 요구한다. 그래서 많은 이들이 실망해서 돌아갔다. 어떤 이들은 기도훈련이 아무리 힘들더라도 자신의 고질병을 고칠 수 있다면 기꺼이 기도훈련을 받겠다며 흔쾌히 수락했다. 그래서 그동안 영성학교에서 치유된 질환들을 올려 드리겠다.

I. 정신질환

불면증, 강박증, 공황 장애, 우울증, 정신분열, ADHD, 틱 장애 등의 모든 정신질환은 거의 대부분 귀신들이 뇌를 장악하고 공격하여 생긴 질환이다. 그래서 귀신을 쫓아내면 이들의 증세가 확연히 회복된다. 그러나 생각을 조종하는 미혹의 영은 센 놈이다. 그러므로 완전히 치유되는 것은 부정적인 생각으로 공격하거나 기도를 방해하는 이놈들의 공격을 기도하는 자신이 얼마나 인지하고 있으며 죽기 살기로 싸우는가에 달려 있다. 그러나 축출기도를 통해서 정상적인 생활을 할 수 있는 정도로 돌아오는 상태는 얼마든지 가능하다.

2. 청각 장애, 시각 장애, 후각 장애 등의 장애

귀신들은 감각 기관에 잠복하고 공격하여 기능을 잃어버리게 하는 능력이 탁월하다. 그래서 예수님은 귀머거리 되고 벙어리, 맹인이 되게 하는 귀신을 쫓아내셨다. 그러나 귀신을 쫓아낸다고 하더라도 일단 기능을 상실한 기관이 정상적으로 되돌아오지는 않는다. 그래서 장애자는 성령의 기적적인 치유가 필요하다. 성령께서도 필자에게 불구가 회복되는 것은 따로 허락이 필요하다고 말씀하시기도 하셨다. 그러나 감사하게도 후각 장애, 청각 장애가 기능이 회복된 사례가 있다. 또한 영성학교 공동체에도 교통사고로 하반신 마비가 된 장애인이 있다. 아직 회복되지 않았지만 예전보다 좋아졌다. 그래서 지금도 하나님의 기적을 바라고 기도하고 있다.

3. 이명, 만성 비염, 축농증, 아토피, 악성 피부질환, 만성 가려움증, 발진

장애가 된 상태가 아닌 감각 기관의 이상은 축출기도로 호전되고 치유된다. 이는 귀신들의 공격에 의해 생긴 질환일 확률이 지극히 높기 때문이다. 귀신들은 감각 기관을 집중적으로 공격하기 때문이다. 그래서 완치가 안된다는 이명이 영성학교에서는 쉽게 치유가 된다.

4. 만성 두통, 어지럼증

위의 질환은 대부분 귀신들의 공격이다. 축출기도를 하면 즉시 호전된다.

5. 갑상선질환

갑상선 비대증이나 저하증은 귀신들의 공격일 확률이 매우 높다. 귀신들은 호르몬 이상을 일으키는 공격을 즐겨 한다. 축출기도를 하면 호전되는 것은 물론이다.

6. 심장질환

심장질환은 고혈압과 밀접한 관계가 있으며 귀신들이 즐겨 사용하는 공격이다. 축출기도로 호전된 경우가 있다.

7. 고혈압, 빈혈, 혈소판 감소증, 손발 저림

귀신들은 주로 피를 공격한다. 그래서 기도를 하면 이 증세가 좋아진다. 고혈압이 정상으로 돌아오는 것은 영성학교에서 흔한 일이다. 그러나 병원에서는 불가능하다고 말하고 있다. 손발 저림 역시 혈액 순환이 잘 안 되어 생기는 증상이고 이 역시 귀신의 공격이다.

8. 당뇨병

이 역시 귀신들이 즐겨 공격하는 증상이다. 병원에서는 회복이 불가능하다고 말하지만, 영성학교에서는 여러 사람이 이 병에서 회복되었다.

9. 과도한 비만, 거식증

귀신들이 공격하는 증상이다. 귀신을 쫓아내면 과도하게 먹고 싶은 생각이 사라지고 음식을 기피하는 거식증 증상도 사라진다.

10. 유방, 자궁 등의 여성질환

귀신들은 호르몬의 이상을 일으켜서 여성질환을 일으키는 데 선수이다. 영성학교에서 가장 많은 여성들이 이 질환에 시달렸고 기도훈련을 하고 나서 호전되었음은 물론이다.

11. 만성 위염, 만성 소화 불량, 과민 대장 증후군

귀신들은 말초신경을 즐겨 공격하는 데 감각 기관, 소화 기관이 말초신경이다. 위의 소화기성 질환도 대부분 귀신들의 공격이다. 평생 고치지 못한 사람들이, 영성학교에서 기도훈련을 하고 말끔하게 좋아졌다.

12. 뇌졸중(중풍)

뇌졸중은 실핏줄이 뇌에서 터져서 혈전으로 뇌세포가 죽어서 생긴 장애이다. 뇌세포가 죽은 부위에 따라 언어능력, 사고능력, 운동능력, 시각 등의 장애가 생긴다. 축출기도를 하면 귀신이 쫓겨나면서 호전되기는 하지만 이미 장애가 생긴 부위에 따라 완치 여부가 결정된다.

13. 다한증, 소한증, 한기

이 역시 귀신들의 공격이다. 축출기도를 하고 기도훈련을 하면 호전된다.

14. 신경쇠약, 만성 통증, 류머티즘

이 역시 귀신들의 공격이다. 축출기도를 하고 기도훈련을 하면 호전된다.

15. 뇌경색, 치매, 고지혈증, 알츠하이머, 파킨슨

위의 질환은 모두 귀신들이 뇌를 공격해서 정신능력을 저하시켜 생기는 질환이다. 병원에서 손을 대지 못하는 불치의 병이지만 치매의 원인인 귀신을 쫓아내면 상당히 호전된다. 그러나 뇌경색은 뇌세포가 죽은 부위에 따라 회복 여부나 속도가 좌우된다. 영성학교에서는 직접 축출기도는 물론 중보기도로도 많이 치유되었다.

16. 허리디스크, 척추관협착증, 척추 옆굽음증, 고질적인 뼈의 통증

귀신들의 공격이 오래 진행되면 뼈에 잠복해서 만성 통증이나 기형 혹은 장애가 생긴다. 그러므로 뼈에 생긴 문제는 축출기도를 해도 쉽게 완치되지 않는다. 시간은 적지 않게 걸리지만 기도를 지속하면 호전이 된다. 완치가 되는 시점은 본인의 기도의 내공에 따라 달라진다.

17. 암

암도 귀신의 직접적인 공격이 원인이거나 아니면 몸을 쇠약하게 만들어 면역력을 잃게 만들어서 생기는 간접적인 공격이다. 직접적인 공격은 젊고 건강한 사람에게 생기는 것이 대부분이다. 암도 초기에서 말기까지 다양하다. 그러나 아직까지 말기 암 환자가 직접 영성학교에 찾아와서 축출기도를 받으며 기도를 훈련 받은 사례는 없다. 그러나 중보기도를 요청해서 치유된 사례는 적지 않다.

18. 유전병, 발달 장애, 자폐증, 양성애자 등의 불치병

위의 질환은 대부분 귀신이 잠복하고 공격해서 생기는 질환이다. 성령께서는 귀신이 DNA를 조종하는 탁월한 능력이 있다고 하셨다. 그러나 이러한 질환들 때문에 영성학교에 찾아오거나 왔어도 기도훈련을 지속한 사람들이 없어서 축적한 데이터가 없는 게 아쉽다.

위의 질환들은 영성학교에서 귀신을 쫓아내고 기도훈련을 하면서 얻은 데이터를 바탕으로 한 것이므로 실제로 치유가 된 것만을 열거하였다. 그러나 대부분의 크리스천들은 귀신이 모든 질병을 일으킨다고 믿지 못하거나 축출기도와 기도훈련으로 질환을 치유할 수 있다는 믿음이 없기 때문에 필자가 무어라고 말하든지 믿고 싶어 하지 않는다. 그래서 5년 동안 영성학교에서 일어난 사례들을 바탕으로 성령의 능력이나 하나님의 약속이 지금도 유효하다는 것을 밝혀 드리는 의미에서 적어 보았다. 하나님은 못 고칠 질병이 없는 전지전능한 분이라는 것을 알려 드리고 싶어서이다.

어떻게 귀신을 쫓아내는 기도의 능력을 얻을 것인가?

I. 쉬지 않고 기도하는 습관을 들이라

쉬지 않는 기도는 성경에 기록한 하나님의 뜻이다. 쉬지 않고 기도하라는 것은 끊임없이 기도하는 것을 말한다. 예수님이 깨어서 항상 기도하라고 하신 명령이다. 성령께서도 필자에게 철저하게 쉬지 않는 기도를 명령한다고 하셨으니, 쉬지 않는 기도가 얼마나 중요한지 알 수 있을 것이다. 그러나 우리네 교인들은 하나님의 뜻이라고 말씀하신 쉬지 않는 기도에 대해 관심이 없다. 왜냐하면 기도훈련이 되어 있지도 않고 기도할 생각도 없기 때문이다. 이렇게 커다란 문제가 우리네 교회에 만연해 있지만 목회자조차 쉬지 않는 기도를 할 생각이 없으니 어떻게 교인들에게 이 기도를 권면하고 독려할 수 있을까? 그래서 우리네 교회는 믿음의 능력이 없으며 기도의 응답을 경험하지 못한다. 그래서 교회마다 기도하는 사람들이 점점 사그라지고 있는 실정이다.

성령께서는 필자에게 쉬지 않고 기도하지 않는 것이 가장 큰 죄라고 말씀하셨다. 또한 쉬지 않고 기도하지 않는 자들은 천국에 들어갈 수 없다고도 하셨다. 그렇다면 거의 대부분의 교인들이 천국에 들어가지 못할 것이다. 왜 쉬지 않고 기도하지 않는 것이 가장 큰 죄인지 아는가? 창조주이시자 주인이신 하나님께서는 피조물이자 종인 우리가 자신을 찾아오는 것을 가장 기쁘게 여기시기 때문이다. 그러나 종이 주인을 가까이하지도 않고 찾아오지 않는 것은 악한 종이 틀림없다. 입으로는 하나님을 주인이라고 부르면서 사랑한다고 침을 발라 말하지만 정작 하나님을 찾지 않는 종은 하나님을 사랑하지 않는다는 것을 증명할 뿐이다. 성경은 하나님을 사랑하는 자들은 모두 하나님의 사랑을 입을 것이라고 약속하셨다. 그래서 당신은 전지전능하신 하나님의 사랑을 입고 계신가? 그렇다면 이렇게 무능하고 무기력한 믿음과 건조하고 냉랭한 영혼을 가지고 고단하고 팍팍하게 살고 있지 않을 것이다. 그렇다면 성경의 명령대로 어떻게 해야 쉬지 않고 기도하는 습관을 들일 것인가?

대다수의 교인들은 기도가 하나님으로부터 무엇인가를 얻어 내는 수단으로 잘못 알고 있다. 잠언에는 이러한 태도를 가리켜 "거머리에게는 두 딸이 있어 다오다오 하느니라" (잠 30:15)라고 말하고 있다. 거머리는 누구인가? 바로 악한 영일 것이다. 그러므로 "다오다오." 하는 기도를 하는 사람은 귀신의 조종을 받아 세속적인 탐욕을 채우는 수단으로 구하는 것이다. 예수님도 "주여주여." 하는 자가 천국에 들어가는 것이 아니라 하나님의 뜻대로 행하는 자들만이 들어간다고 말씀하셨다. 그러므로 예수님을 주인이라고 고백하는 것이 아니라 하나님의 뜻을 깨닫고 그 뜻대로 준행하는 자들이 바로 천국의 백성이 될 것이다. 그렇다면 하나님은 어떤 기도를 가장 기뻐하시는가? 바로 하나님의 이름을 구하고 그 얼굴을 찾는 자들이다. 그래서 성경에는 "하나님을 찾으라 하나님의 이름을 구하라."라는 말씀이 수도 없이 나온다. 그래서 우리는 하루 종일 틈만 나면 하나님의 이름을 쉬지 않고 부르며 찾아오는 기도를 해야 하는 것이다. 물론 하나님을 찬양하며 감사하며 회개하는 기도도 기뻐하실 것이다. 그러나 진정한 경배와 감사 그리고 회개는 성령께서 깨닫게 해 주시고 감동을 주셔야 할 것이다. 그러므로 먼저 성령이 자신 안에 내주하는 기도의 습관을 들여야 할 것이다.

쉬지 않고 기도하는 습관을 들이려면 아침과 밤에 각각 1시간 이상 기도하는 것이 필수적이다. 이 시간은 방해 받지 않고 기도할 수 있기 때문이다. 장소는 교회에 가서 기도하면 좋겠지만 집에서 기도습관을 들이는 것이 가장 좋다. 교회에서 쉬지 않고 기도하는 습관을 들인 사람은 교회에서 사는 사람이어야 하기 때문이다. 그러므로 쉬지 않고 기도하는 습관을 들이려면 시간과 장소에 구애 받지 않고 언제 어디서나 기도하는 습관을 들여야 한다. 아침과 밤에 각각 1시간 이상 기도하는 습관을 들이는 것이 전부가 아니다. 낮에도 틈만 나면 하나님을 부르는 기도를 해야 한다. 낮에는 생업에 종사하기 때문에 방해 받지 않고 기도하는 시간을 내기가 어려울 것이다. 쉬지 않고 기도하는 습관은 혼자 있을 때면 무조건 하나님을 부르는 기도를 해야 한다. 그러므로 당신이 혼자 있는 시간에 무엇을 하는지 살펴보라. 인터넷에 빠져 있거나, 스마트 폰을 쳐다보거나 친구와 수다를 떨고 있다면 아직 멀었다는 증거이다.

필자도 쉬지 않는 기도의 습관을 들이는 데 무려 3년의 세월이 걸렸다. 처음에는 도저히 불가능한 것처럼 생각이 되기도 하였다. 아침과 밤에는 기도할 생각이 났지만 낮에 시끌벅적한 세상에 나가서 일에 몰두하다 보면 기도하려는 생각이 도무지 들지 않았다. 그러나 계속 시도하다 보니, 쉬지 않는 기도를 하고 있는 자신을 발견하게 되었다.

많은 이들이 생업에 바빠서 혹은 집안일 때문에, 이런저런 모임에 참석하느라 기도할 시간을 내지 못한다고 한다. 그래서 삶의 가지치기를 철저하게 해야 한다. 최소한의 생계비를 버는 일과 최소한의 집안일을 제외하고는 기도하려고 애쓰고 노력해야 한다. 가정을 꾸리고 직장에 다니며 공부하는 이유는 행복하게 살려고 하는 것이 아닌가? 하나님이 기뻐하시는 사람이 되면 하나님께서 그 사람의 인생을 최고로 이끌어 주시고 평안하고 형통한 삶을 살게 해 주실 것을 약속하셨다. 그러나 사람들은 하나님의 약속이 믿어지지 않기 때문에 하나님을 쉬지 않고 찾는 기도를 할 생각을 하지 않는 것이다. 하나님이 누구신가? 그분은 전지전능한 분이시다. 그분은 세상 재물의 주인이시고 역사를 이끌어 가시며 인간의 생사화복을 주관하시는 분이시다. 그분이 맘만 먹으면 우리의 인생을 행복하게 채우시는 것쯤은 일도 아닐 것이다. 그러나 사람들에게는 그런 믿음이 없기에 자신이 가진 지식과 경험과 세속적이고 인본적인 생각으로 살아가는 것이다.

필자가 쉬지 않고 기도하는 습관을 들인 지 벌써 18년이 지났다. 필자의 인생이 어떻게 되었는지 필자의 현재가 궁금하지 않으신가? 필자가 18년 전에는 사업실패로 빚더미에 앉아서 매일매일을 지옥을 경험하며 살고 있었다. 그러나 지금은 수많은 사람들의 삶의 문제를 해결해 주며 영혼을 구원하는 도구의 삶을 살고 있다. 물론 그때와 비교할 수 없을 정도로 폼 나게 살면서 잘 먹고 잘살고 있다. 필자가 한 일이라고는 틈만 나면 하나님을 부르는 기도를 한 것밖에 없다. 당신이 쉬지 말고 자신을 찾아오라는 하나님의 명령에 순종하지 않는 이유는 믿음이 없기 때문이며 하나님의 명령에 순종하지 않는 종의 운명을 아는 것은 어렵지 않다. 그러므로 기도할 수 없는 이유를 대며 구차한 변명을 하지 말라. 틈만 나면 하나님의 이름을 부르고 성령의 내주를 간구하는 것으로 매일의 양식을 삼으라.

기도는 훈련이 필요하다

교회마다 수많은 교육프로그램으로 가득 차 있다. 외국 이름으로 범벅이 된 제자훈련은 말할 것도 없고 전도훈련도 주기적으로 열린다. 교인들에게 인기는 별로지만 성경공부 프로그램도 꾸준하게 등장하고 있다. 그렇지만 정작 기도훈련을 하는 프로그램은 눈에 띄지 않는다. 언젠가 권사 직분을 가지고 있는 필자의 지인과 대화를 하는데 기도훈련에 대한 이야기가 나오자 그분이 기도훈련이 왜 필요하냐면서 의아한 눈으로 쳐다보았다. 열심히 기도회에 나와 기도하면 되지 기도하는 데 무슨 훈련이 필요하냐는 식이었다. 이러한 생각은 대부분의 교회지도자들이 가지고 있는 듯하다. 필자도 기도훈련에 대해 별로 들어보지 못했으니까 말이다. 학생들이 학교에 오면 열심히 공부해야 한다. 그런데 교사가 어떻게 공부하는지 자세히 가르쳐 주지 않는다면 도서관이나 독서실에 가지 굳이 학교에 갈 필요가 있을까? 교회에서 성경적으로 기도하는 훈련이 없기 때문에 많은 크리스천이 기도습관을 들이지 못하고 있다. 각종 기도회뿐 아니라 일상의 삶에서 쉼 없이 기도하는 습관을 들이지 못했다면 하나님과 동행하는 삶은 언감생심이다.

우리가 왜 기도훈련을 해야 하냐면 첫째, 성령이 내주하는 기도를 해야 하기 때문이다. 하나님이 듣지 않는 기도는 상대방이 듣지 않는 전화기에 소리치고 있는 것과 같다. 혼자 떠든다고 기도가 아니다. 하나님이 들으시는 기도여야 한다. 하나님이 듣고 있는지 어떻게 아는가? 성령이 내주하는 증거와 열매가 있어야 한다. 둘째로 성경적으로 기도하는 방식을 배워야 하기 때문이다. 제자들이 예수님에게 기도 방식을 물어봐서 가르쳐 주신 것이 주기도문이다. 그러나 우리는 주기도문을 기도하는 내용으로 여겨 이를 따라 하기보다 예배를 마칠 때 사용하는 구호쯤으로 여기는 듯하다. 성경에는 기도문도 적지 않고 하나님이 기뻐하시는 기도의 방식을 말씀하신 곳도 많다. 그러나 우리는 성경을 읽으면서도 그냥 지나치기 일쑤이다. 설령 안다 하더라도 삶에 적용하지 않는다면 아무런 소용이 없다. 삶에 적용하려면 훈련이 필요하다. 셋째, 기도 행위를 습관 들여야 한다. 많은 크리스천이 기도의 중요성을 모르는 이도 없을 터이고 기도하려고 숱하게 시도도 해 보았을 것이다. 그러나 새벽기도회에 참석하는 것조차 쉽지 않을 터인데 일상의 삶에서 쉼 없는 기도의 습관을 들이는 것은 시도조차 하지 못할 것이다. 그래서 훈련이 필요하다. 처음에는 자신의 의지로 시작하여서 성령이 내주하는 기도의 맛을 들여야 성경적인 기도의 습관을 들일 수 있다. 이는 기도의 강을 건너 하나님과 동행하는 습관을 들인 신앙의 선배들이 이끌어 주어야 가능하다. 그렇지만 안타깝게도 성경적인 기도의 습관을 들인 이들이 많지 않아서인지 교회에서 기도훈련 프로그램이 없는 것이 이유인지 대부분의 크리스천은 이를 모르고 있다.

영성학교에서는 성령 내주 기도훈련의 정규 프로그램을 운영하여 근처에 사는 이들은 정기적으로 방문하여 훈련 받도록 하고 있고 해외에 사시는 분들이나 방문하시기 어려운 지역적인 한계가 있으신 분들에게는 기도훈련 웹사이트를 통해 교재를 보내고 강의를 듣게 하고, 전화로 코칭을 하는 등의 기도훈련을 시키고 있다.

오랫동안 신앙의 연륜이 쌓인 이들도 성경적인 기도의 습관을 들이지 못한 이유는 철저한 훈련이 없어서이다. 기도는 영적인 행위이기 때문에 성령이 내주하는 기도를 시작하면 악한 영들의 방해 공작이 시작된다. 의지가 굳센 이들도 기도습관을 들이는 일에 실패하는 이유이기도 하다. 필자가 기도훈련을 사역에 가장 중심으로 삼고 있는 것도 이 때문이다. 기도훈련이 없이는 영적인 사람이 될 수 없다. 능력 있는 예수 그리스도의 제자가 되어 하나님이 기뻐하시는 도구의 삶을 살려면 먼저 기도훈련을 통과해야 한다.

I. 성령이 내주하는 기도를 하라

"성령이 내주(內住)하는 기도라고요? 성령 충만(充滿)한 기도와 같은 뜻인 듯싶은데 말만 바꿨네요."라고 꼬집어 주고 싶은 독자가 많을 것이다. 맞는 말이다. 성령 충만이라는 말은 우리네 교회에서 수도 없이 듣는 말로서 성령이 내 안에 가득 차 있다는 말이다. 성령이 강하게 내주한다는 말과 같다. 그런데 굳이 '충만'이라는 말을 '내주'라는 말로 바꾼 이유는 성령 충만에 대한 고정 관념을 불러들이고 싶지 않아서이다. 성령 충만이라는 말에 크리스천들이 가지는 이미지는 쿵쾅거리는 악기 소리가 울려 퍼지는 가운데 뜨거운 찬양으로 마음을 격앙시킨 후에 마이크를 잡은 기도 인도자의 거친 목소리와 함께 교회가 떠나갈 듯한 소리로 기도하는 통성기도회일 것이다. 사람들은 그런 마음의 상태가 성령 충만이라고 여기는 듯하다. 물론 그럴지도 모른다. 그렇지만 문제는 교회 문을 나서기 무섭게 다시 싸늘하게 식은 마음은 집에 도착하자마자 언제 그랬냐는 듯이 건조하게 가라앉는다. 성령이 내주하셨다면 이렇게 빠른 속도로 식을 수가 있을까? 결론부터 말하자면 교회의 뜨거운 분위기에 휩쓸려 격앙된 감정의 상태와 하나님이 내주하시는 성령 충만한 상태는 다르다. 만약 그때의 격앙된 감정이 성령 충만한 상태였다면 감정뿐 아니라 하나님이 함께하시는 증거와 더불어 풍성한 성령의 열매를 맺어야 할 것이 아닌가? 감정이 격앙된 기분은 그런 통성기도회뿐 아니라 나이트클럽이나 노래방에서도 얼마든지 느낄 수 있다. 성령 충만하다면 성령이 함께하시는 증거가 있어야 한다. 그렇지 않다면 뜨거운 분위기에 휩쓸려 자신도 모르게 흥분한 것에 불과하다. 물론 모두 다 그런 것은 아니겠지만 상당수의 크리스천들이 경험하고 있는 일일 것이다.

성령 충만한 상태의 기도는 통성기도가 아니라도 얼마든지 가능하고 쿵쾅거리는 악기 소리와 뜨거운 찬양이 없더라도 상관없다. 만약 당신이 골방에 틀어박혀 기도하면서 가슴이 벅차오르고 끝날 줄 모르는 전율 때문에 땀에 흠뻑 적셔졌다면 성령 충만한 상태이다. 그러나 오직 그런 분위기에서만 그런 느낌을 얻고 있다면 당신은 성령 충만한 상태를 잘못 알고 있는 것이다. 성령 충만한 기도를 하는 것은 어렵지 않다. 성령이 오실 때까지 전심으로 간절히 기도하면 된다. 예수님이 승천하고 나서 사도들과 백이십 명의 제자들은 마가 요한의 다락방에 모여 성령이 내려오실 때까지 오로지 기도하기에 힘썼다고 사도행전 1장 14절은 말하고 있다. 아마 그때도 웅장한 악기 소리와 뜨거운 찬양이 없었을 것이다. 성령이 내주하시는 처음의 상태는 감정이 격앙되기도 한다. 가슴이 벅차오르고 온몸에 전율이 나기도

한다. 기쁜 마음과 평안한 마음이 교차되기도 한다. 그러나 이러한 감정의 상태는 사람마다 다르고 항상 같은 상태가 반복되는 것은 아니다. 처음의 격변기가 지나면 나중에는 평안한 상태가 지속되지만 때에 따라서는 전율이 반복적으로 오기도 한다. 그러나 중요한 것은 감정의 상태나 몸의 신호가 아니라 성령이 내주하시는 증거가 있어야 한다.

가장 중요한 증거는 성령 충만한 상태는 마음이 언제나 평안함으로 넘쳐나며 하나님의 생각으로 가득 차 있다는 것이다. 그래서 자신도 모르게 찬양이 입에서 흘러나오며 영으로 기도하기도 한다. 이런 상태가 몇 시간이고 지속되는 게 성령이 내주한 상태라고 볼 수 있다. 이런 상태의 기도를 몇 개월에서 몇 년 이상 계속하다 보면 성령의 열매가 맺어진다. 성령의 열매란 신속한 기도응답과 문제의 해결은 물론 방언이나 예언, 귀신 쫓음, 치유 등의 다양한 은사와 능력, 거룩한 성품으로 변화, 세속적인 삶에서 하나님 중심의 삶으로 바뀌지는 것을 말한다. 그렇지 않고 그냥 감정의 격앙이라면 성령이 내주하시는 게 아니다. 어떤 이는 방언을 성령이 내주하시는 증거로 말하고 있다. 그렇지만 그 방언이 자신이 지어내는 방언인지 하나님이 주시는 방언인지 잘 분별해야 한다. 하나님이 주시는 방언은 기도를 시작하자마자가 아니라 기도에 몰입되어야 비로소 나오기 시작한다. 그리고 그 방언은 수시로 바뀐다. 즉 새 방언이 계속 나오는 것이다. 그런데 기도를 시작하자마자 같은 말을 반복하는 방언은 하나님이 주시는 게 아니라 자신이 입으로 지어내는 것이다. 자신이 지어내는 방언이라면 성령의 증거나 열매가 없다. 우리 주변의 적지 않은 크리스천이 방언을 말하며 성령 충만한 기도를 하고 있는 듯 보여도 삶과 성품에 아무런 변화가 없는 이유이다.

2. 성령이 임재할 때까지 인내하며 기다리라

필자는 기도를 시작하면 성령이 충만해질 때까지 계속해서 하나님을 찾고 부르며 찬양을 하고 감사를 한다. 다른 기도는 하지 않는다. 성령이 내주하셔서 듣지 않는 기도라면 이건 기도가 아니라 독백에 불과하다. 그러나 하나님은 영이시기 때문에 내주하셨는지 아닌지 눈으로 볼 수도 없고 귀로 들을 수도 없다. 매일 몇 시간씩 기도하는 사람들도 기도를 시작하자마자 성령 충만한 상태에서 기도하는 것은 아니다. 방해 받지 않는 데서 1시간 이상 기도를 해야 하는 이유도 여기에 있다. 성령과 깊고 친밀한 교제를 하려면 적지 않은 시간이 필요한 까닭이다. 성령이 내주하셨는지 아는 것은 오랫동안 영적인 기도를 한 사람만 정확하게 알 수 있다. 물론 모든 기도를 하나님이 듣고 계시지만 정작 성령이 기뻐하시는 기도를 하는 것은 별개이다. 성령이 내주하시는지 알려면, 감정의 상태를 자세하게 살펴보는 것이 중요하다. 기도의 시작부터 끝날 때까지 감정의 상태를 살펴보는 일 없이 오직 자신이 얻어 낼 기도 목록을 주구장창 소리치는 기도만 하는 사람들은 이를 알 수가 없다.

성령이 내주하는 것을 느끼려면 마음이 평안해지고 뜨거워지는 상태가 될 때까지 오직 하나님의 내주를 간절히 찾으면서 찬양하고 감사를 반복해야 한다. 처음 시작하는 사람들은 성령이 충만해질 때까지 몇 달이 걸린다. 그러나 일단 성령 충만한 기도를 하게 되면 할 때마다 20~30분간 간절히 부르면 성령 충만을 경험하게 된다. 어떤 때는 5분만 간절히 불러도 충만하게 되지만 아침에 잠에서 깨어나서 정신이 멍한 상태나 하루 종일 온갖 세상일에 시달린 밤에는 기도를 시작한다고 해도 쉽게 기도에 몰입되지 않는다. 성령 충만한 상태는 기도에 몰입이 되었다는 신호이기 때문이다. 그러므로 성령이 충만한 상태인 기도에 몰입이 되기 전까지는 다른 기도 목록을 말하지 말고 오직 성령이 내주하기를 바라며 간절히 전심으로 기도해야 한다. 침묵기도에 훈련이 된 사람들은 상관없지만 그렇지 않다면 작은 목소리로 통성으로 기도해도 된다. 침묵기도라고 해도 생각의 흐름에 맡기는 것이 아니라 말소리만 내지 않았을 뿐이지 통성기도하는 것과 다르지 않다. 소리를 내지 않고 '마음속으로 기도해야지.' 하고 생각에 맡기면 공상을 하면서 잡념이 들어오고 졸게 된다. 이런 사람들은 기도훈련이 되지 않아서이다. 기도란 정신을 집중해서 하나님께 몰입하는 것이다. 이런 상태가 되어야 성령이 충만한 기도를 하게 된다.

3. 성령 안에서 기도하려고 애써라

성령 안에서 기도하는 것은 어떤 느낌일까? 많은 크리스천들이 성령의 기름부음을 원하지만 정작 이를 체험한 사람은 소수에 불과하다. 성령세례 혹은 성령의 기름부음은 성령이 내주하는 상태를 말한다. 어느 날 갑자기 하나님의 절대적인 능력이 임한 사람도 있지만 대부분의 사람들은 하나님을 간절히 찾아야 성사가 된다. 필자뿐 아니라 이를 경험한 필자의 제자들에게 발견된 공통점은 모두 전심으로 하나님을 찾았다는 것이다. 그것도 몇 달에 걸쳐 전심으로, 간절히 기도해야 하는 것이 보통이다. 그렇지만 시간은 그리 중요하지 않다. 갈급한 마음으로 간절히 원하면 한 달이 채 걸리지 않아서 성령세례를 체험하기도 한다. 그렇지만 더욱 중요한 것은 한번 성령세례를 체험했다고 하더라도 자신이 기도를 소홀히 하면 성령의 활동은 감소되다가 아예 사라지고 만다. 그래서 바울사도는 데살로니가전서 5장 19절에서 "성령을 소멸하지 말라."라고 말씀하셨다. 이때 '소멸하다.'는 헬라어 σβέννυτε(스벤뉘테)로 '불을 끄다.'라는 단어이다. 말하자면 성령의 불을 끄지 말라는 뜻인데 성령의 불은 성령의 활동을 가리킨다. 성령이 내주하셔서 충만하여 왕성하게 활동을 하시더라도 자신이 끊임없는 기도를 소홀히 한다면 떠나가신다. 우리 주변의 수많은 크리스천들이 한때는 성령세례를 경험하고 성령 충만한 삶을 살았더라도 현재 그 상태를 유지하지 못하는 이들이 허다하다. 그것은 성령 안에서 기도하는 영적인 습관을 들이지 못했기 때문이다. 특히 자신의 기도로서 성령이 내주한 경우는 그래도 낫지만 성령의 강권적인 임재를 경험한 사람들은 거의 대부분 소멸되고 말았다.

성령 내주 기도훈련의 과정에서 나타나는 증상과 현상

필자는 성령이 내주하는 기도를 훈련하는 사역을 하고 있다. 1분짜리 영접기도를 하면 성령이 득달처럼 들어오신다고 가르치는 우리네 교회에서는 필자의 주장이 이단 비스무리하다고 여길 게 뻔하다. 그러나 사도행전의 사도들과 제자들을 보라. 그들은 3년 반 동안 예수님을 따라다니고 나서 신앙고백까지 하였지만 성령이 오시지 않았다. 예수님이 승천하신 후에 마가요한의 다락방에서 몇 날 며칠을 전심으로 기도한 끝에 성령이 임재하셨다는 사실은 여러분도 잘 알고 계실 것이다. 사도들조차 쉽지 않은 과정을 거쳐서 성령이 오셨는데 우리네 교회는 1분짜리 영접기도에 아멘하기만 하면 성령이 오신다고 가르치고 있으니 기가 막힌 일이다.

백번 양보해서 성령이 오셨다면 성령이 내주하신 증거나 변화, 능력과 열매가 있는가? 세상 사람들과 별 차이 없이 무능하고 무기력한 믿음으로 고단하고 팍팍하게 살고 있다. 그러나 교회지도자들은 교인들에게 성령이 있다고 믿으라고 다그치고 강요하고 있으니 섬뜩할 정도이다. 그러나 영성학교는 아니다. 영성학교는 이 기도를 하면 어떤 일이 일어나는지 구체적인 증상과 과정을 소개하면서 증명하고 있다. 그러면 성령이 내주하는 기도를 하면 어떤 증상과 현상이 나타나는지 말씀드리겠다.

I. 귀신이 공격하는 현상

첫 번째 증상은 귀신이 공격하면서 하급영이 드러나는 증상이 나타난다. 하나님을 부르는 기도를 전심으로 하게 되면 귀신의 공격과 더불어 하급영이 드러나는 증상이 나타난다. 이때 귀신의 공격은 기도를 방해하는 모든 생각이나 느낌이다. 의심이 들게 하거나 무섭다고 느끼거나 정신집중을 못하게 하거나 가족이나 친지들을 동원해서 기도를 방해하는 모든 현상이다. 두려운 생각이 들어서 기도를 못하게 하는 증상이 가장 빈번하게 나타난다. 그러나 기도를 지속적으로 하면 하급영들이 정체를 드러내는 증상이 나타난다. 침, 가래, 기침, 헛구역질, 구토, 하품, 트림, 방귀, 배변 등의 생리적인 증상이 두드러지게 나타난다. 특히 침이 지속적으로 나오거나 헛구역질이 나오는 증상이 가장 빈번하다. 그러나 이런 현상은 생리적인 증상이기 때문에 기도만 하면 이런 증상이 나타나는지 아니면 일반적인 생리현상인지 분별하여야 한다.

두 번째 증상은 몸이 돌아가면서 아프기 시작한다. 두통이나 어지럼증이 나타나는 것은 흔한 일이고 온몸이 가렵고 발진과 두드러기가 나거나 배가 찌를 듯이 아픈 것도 일반적인 현상이다. 그럼에도 기도를 계속하면 감각 기관이나 몸의 장기가 아프기 시작한다. 과거에 앓았던 병이 다시 나타나기 시작하거나 이유 없이 몸의 곳곳이 아프기 시작한다. 이런 고통은 오래 가지 않고 사라지지만 또한 새로운 곳이 아프고 사라지는 현상이 반복된다. 근육이 경직되었거나 뼈의 측만증이나 디스크의 증세가 있는 사람들의 경우 이 부위를 더욱 고통스럽게 한다. 평소에 아프지 않았던 부위도 아프게 되는 것은 물론이다. 이런 공격은 중급영들이 몸을 아프게 하여 기도를 못하게 하는 공격이다. 귀신들이 집을 짓고 있는 곳은 가슴이나 배이므로 가슴이 답답하거나 심장 뛰는 소리가 크게 들리고 소화 불량, 복통 등이 빈번하게 나타난다. 또한 미혹의 영이 잡고 있는 곳이 머릿속의 뇌이므로 편두통이나 어지럼증, 혼미한 증상 등이 나타나고 심지어는 필름이 끊기거나 잠시 동안 정신을 잃는 등의 현상도 적지 않게 일어난다.

세 번째 증상은 각종 사건 사고가 일어나거나 가족들과 갈등이 생기는 것이다. 그래도 기도를 계속하면 귀신들의 다양한 공격이 시작된다. 각종 사건사고가 일어나게 하며 특히 자동차 접촉사고가 가장 많이 일어난다. 또한 이 기도를 반대하는 가족들의 반대가 심해진다. 배우자 특히 남편의 반대가 심해지며 청소년이거나 청년의 경우에 이를 반대하는 부모의 분노와 갈등이 심해진다. 결혼하여 성인이 된 사람들에게도 자신에게 영향력을 끼치는 사람들의 반대도 심심찮게 일어난다. 특히 자신이 다니던 교회의 목회자나 교인들로부터 거센 공격에 휩싸이게 되는 것은 말할 것도 없다. 그래서 많은 이들이 자의 반 타의 반으로 기도를 중도에 포기하게 되는 경우가 많다.

2. 하나님이 만져 주시는 현상

그러나 적지 않은 기간 동안 전심으로 기도에 몰두하면 드디어 하나님이 만져 주시는 현상이 나타나는데 이는 다음과 같다.

첫째, 평안과 즐거운 마음.
가장 먼저 일어나는 현상은 부정적인 마음에서 환하고 평안한 내면으로 바뀌는 것이다. 귀신들은 머리를 타고 앉아 부정적인 생각을 넣는다. 걱정, 염려, 두려움, 불안, 분노, 억울함, 서러움, 자기 연민, 절망 등의 생각을 넣어 사람의 마음과 영혼을 황폐하게 하지만 하나님을 부르는 기도가 습관이 되면 귀신들이 떠나면서 공격이 약화된다. 그리고 성령이 마음을 평안과 기쁨, 자유 등으로 채워 주신다. 그래서 내면의 세계가 확연하게 바뀌는 것을 쉽게 알 수 있다.

둘째, 정신질환이나 고질병의 치유.
두 번째로 일어나는 현상이 바로 정신질환이나 고질병의 치유이다. 그동안 영성학교에서 지속적으로 기도훈련을 한 사람들이라면 고질병의 치유를 경험하지 못한 사람은 거의 없다. 그 이유는 그간 귀신들이 몸에 잠복해서 뇌와 몸의 장기 곳곳을 망가뜨리고 파괴하였기 때문이다. 그래서 귀신이 쫓겨나면서 고질병이 낫고 몸이 건강하게 회복되는 것이다.

셋째, 가정의 회복과 삶의 문제 해결.

세 번째 두드러진 결과는 반목과 갈등으로 골이 깊어진 가족들과 이해와 용서를 통해 가정이 회복된다. 특히 자녀들이 부모에게 순종적으로 변화하고 학업 성적이 많이 올라가는 것은 흔한 일이다. 직장 상사나 친인척 등과의 회복도 같이 일어난다. 이는 미움과 분노를 잡고 있던 귀신들이 공격을 하지 못하거나 떠나감으로 일어나는 현상이다. 또한 하나님의 만져 주심으로 인하여 각종 삶의 문제가 해결된다. 악성부채의 해결, 직장이나 자영업의 문제 해결 등 인생을 짓누르던 삶의 문제들이 하나씩 해결된다.

넷째, 기도의 응답과 성령의 은사.

네 번째는 기도하는 것마다 응답이 신속하게 내려오고 성령의 은사를 주어 가족이나 다른 사람들에게 잠복한 귀신들을 쫓아내면서 각종 고질병을 치유하게 해 주는 등의 능력으로 영혼을 구원하는 일에 동참하게 된다. 이런 일련의 과정들이 성령이 내주하는 기도를 하면서 일어나는 증상과 현상이다. 이러한 현상은 순서대로 나타나기도 하지만 한꺼번에 뒤섞여 나타나기도 한다. 이처럼 하나님을 부르는 기도는 귀신들의 공격과 성령의 역사가 분명하게 나타나므로 영적 전쟁을 온몸으로 알 수 있다.

말씀, 곧 검의 위력을 경험하라

성경은 하나님이 곧 말씀이라고 말해 주고 있다. 아시다시피, 하나님은 전지전능하신 분이시므로 성경 말씀이 곧 놀라운 능력을 드러낸다는 뜻이다. 그래서 해박한 성경 지식을 자랑하는 당신은 탁월한 하나님의 능력을 일상의 삶에서 경험하며 살고 있는가? 솔직히 말해 보자. 없다면 없는 것이고 아니라면 아닌 것이다. 없는데도 있다고 우기니까 더 이상의 기회가 주어지지 않는 것이다. 그렇다면 성경 지식이 머릿속에 빼곡하게 들어있는 당신에게 왜 하나님의 능력이 나타나지 않는지 고민해 보는 것이 당연한 일이 아니겠는가?

성령의 검 곧 하나님의 말씀을 가지라 (엡 6:17)

하나님의 말씀은 살아 있고 활력이 있어 좌우에 날선 어떤 검보다도 예리하여 혼과 영과 및 관절과 골수를 찔러 쪼개기까지 하며 또 마음의 생각과 뜻을 판단하나니 (히 4:12)

위의 성경구절은 하나님의 말씀을 가리켜 성령의 검이라 말하고 있으며 위의 말씀이 구체적으로 어떤 위력을 나타내는지 조목조목 설명하고 있다. 이에 대한 원어 본문을 직역해 보면 하나님의 말씀은 영혼과 육체를 구석구석 찔러서 깨닫게 하고 생각과 마음의 깊은 곳까지 분별한다고 말하고 있다. 그래서 하나님의 말씀이 당신에게 살아서 효과적이며 다른 어떤 칼보다도 날카롭게 위력을 드러내고 있는가? 아니라면 그 이유는 무엇인가? 하나님의 말씀을 읽고 묵상하지 않기 때문이다. 하나님이 말씀으로 존재감을 드러내는 분이라면 말씀을 매일 읽고 묵상하면서 시시때때로 주시는 하나님의 뜻을 민감하게 살펴보아야 하지 않겠는가? 그러나 과거에 저장한 머릿속의 지식으로 생각하고 있다면 말씀을 살아 계신 하나님으로 여기지 않기 때문이다. 말씀이 살아 있는 하나님이라고 여긴다면 날마다 성경을 꺼내어 읽고 묵상하여서 하나님의 음성을 들어야 할 것이다. 그래서 믿음은 들음에서 난다고 성경이 말하는 이유이다. 듣는다는 것은 누군가가 음성으로 읽어 주는 내용을 듣는다는 뜻이 아니라 하나님의 음성을 직접 들어야 한다는 의미이다. 그러나 당신은 성경 말씀을 살아 있는 하나님으로 생각하지 않기에 날마다 성경을 꺼내어서 하나님을 만나려 하지 않는다. 그래서 당신의 머릿속에 있는 성경 말씀은 아무런 능력이 나타나지 않은 죽은 지식일 뿐이다.

하나님은 영이시기 때문에 당신의 마음과 속내를 불꽃같은 눈동자로 지켜보고 계시다. 그래서 하나님은 자신을 사랑하고 사모하지 않는 자에게 찾아오시지 않는다. 말씀을 사모하고 사랑하는 사람이라면, 성경을 가까이에 두고 날마다 꺼내어 읽고 묵상하면서 상고할 것이다. 이런 사람에게 말씀이 살아서 삶에서 위력을 드러내는 것이다. 또한 말씀을 읽는 목적이 무엇인가? 말씀이 하나님의 뜻이라면, 하나님의 뜻대로 실행하여야 한다. 하나님의 말씀에 순종하지 않는다면 하나님의 자녀가 아니라, 다만 성경 지식으로 수입을 얻어 생계를 유지하고 싶은 사람이거나 희생적인 신앙 행위로 축복을 받아 세상에서 잘되고 부유하고 싶은 세속적인 사람일 뿐이다.

하나님의 말씀을 알되 순종하지 않은 사람들이 바로 바리새인과 서기관이었다. 그들은 율법 지식이 뛰어났지만 해박한 율법 지식을 자랑하거나 다른 사람들을 정죄하는 목적으로 사용하였다. 그런 이들에게 말씀이 검이 될 수 없다. 하나님의 자녀는 말씀에 순종하며 사는 이들이다. 그러므로 성경을 읽고 묵상하는 이유도 하나님의 뜻대로 살려고 하기 위함이다. 그러나 여기에 암초가 도사리고 있다. 사람은 누구나 무능하고 무기력한 먼지라서 자신의 의지와 노력으로 될 수 없다는 사실이다. 그래서 성령의 도우심이 필요하다.

> **그러나 진리의 성령이 오시면 그가 너희를 모든 진리 가운데로 인도하시리니 그가 스스로 말하지 않고 오직 들은 것을 말하며 장래 일을 너희에게 알리시리라 (요 16:13)**

성령은 진리의 영이시므로 우리를 진리로 인도해 주신다. 그래서 성경 말씀을 머리가 아니라 가슴으로 내려와 깨닫게 해 주신다. 말씀이 지식이 아니라 날카로운 검이 되려면 성령이 내주하셔서 동행하는 삶이 필수적이다. 그렇다면 날마다 성령과 깊고 친밀한 기도를 동반해야 할 것이다. 이처럼 말씀과 기도는 하나님과 동행하는 삶을 살기 위한 자동차의 두 바퀴와 같다. 어느 한 바퀴가 빠져 있다면 굴러갈 수 없다. 성령이 검이 되어 삶의 현장에서 놀라운 위력을 발휘하려면 기도와 말씀으로 하나님을 쉬지 않고 찾고 불러야 할 것이다. 그러면 어느새 당신에게 말씀의 검이 가슴에 새겨져서 삶의 현장에서 탁월한 능력을 발휘하게 될 것이다.

예수님의 십자가 보혈을 입에 달고 살라

필자는 기도훈련을 하는 훈련생이나 영성학교 공동체에 몸담고 있는 사람들이나 예외 없이, 명백한 증거가 나타나지 않으면 성령의 내주를 인정하지 않는다. 훈련생이야 그렇다 치고 성령이 갓 임재하는 증거가 나타나서 졸업을 시켰던 사람들도 기도가 느슨해지고 매너리즘에 빠져서 기도가 지지부진한 사람들이 적지 않다. 성령이 내주하는 상태는 하루 종일 하나님의 생각으로 가득 차 있어야 한다. 그런 사람들은 예외 없이 하루 종일 하나님을 부르는 기도를 하는 사람들이다. 하루 종일 쉬지 않고 기도를 하려면 혼자 있을 때 무시로 기도하는 습관을 들여야 한다. 그래서 아침과 밤에 방해 받지 않은 시간에 각각 1시간 이상 기도하고 낮에도 틈만 나면 습관적으로 하나님을 떠올리며 쉬지 않고 하나님을 부르는 기도를 해야 한다. 그러나 실제적으로 그런 기도를 하는 사람들이 많지 않다. 처음에는 각종 정신질환과 고질병, 삶의 지난한 문제로 인해 갈급한 마음으로 기도를 시작했던 사람들도 병이 낫고 삶의 문제가 해결되면 자신도 모르게 느슨하게 된다. 그리고 먹고사는 데 바빠서 혹은 이런 저런 일로 정신 줄을 놓으며 살다 보니 형식적인 기도시간을 지키고 있는 상태에 빠지게 된다. 왜 그런 일이 생기는 줄 아는가? 바로 기도를 방해하는 악한 영들의 공격에 당하고 있기 때문이다. 악한 영들이 가장 두려워하는 것이 하나님이 들어오시는 것이다. 그래서 하나님이 들어오시는 이 기도를 집요하게 방해한다. 그래서 설령 입에서 단내가 나는 기도를 통해서 어렵사리 성령이 갓 임재했더라도 악한 영들은 포기하지 않고 먹고사는 일에 바쁘게 만들거나 죄를 짓게 만들어서 결국 쉬지 않고 기도하는 습관을 포기하게 만든다. 귀신들이 이 공격을 얼마나 집요하게 하는지 성령께서 필자에게 해 주신 말을 옮겨 드리겠다.

"귀신은 절대로 물러나지 않고 지혜로운 자들이 기도를 계속할 때 믿음을 확인하고 자비로운 하나님을 뵙고자 힘쓰고 애쓸 때까지 기다렸다가 아버지가 오신다는 소식을 들을 때 물러나지만 다시 방문하고 일생 동안 기회를 엿보는 자들이다."

기도를 시작하지만 시간이 지나면 기도가 정체되고 지지부진해지는 이유이다. 귀신들의 공격을 인지하지 못해서 기도 줄을 놓치며 이런저런 죄를 짓고 회개하지 않으므로 성령이 떠나시기 때문이다. 그래서 필자는 최근 기도훈련 방식을 확 바꿨다. 아침과 밤에 정해진 시간에는 전심으로 하나님을 부르지만 낮에 틈나는 대로 기도할 때는 하나님을 부르는 게 아니라, 예수피를 외치며 악한 영들의 공격을 미연에 방지하는 기도를 하는 것이다. 악한 영들의 공격을 인지하지 못하고 당하게 되면 하나님을 부르는 기도의 습관을 들일 수 없는 것은 물론이고 기도할 때도 전심으로 기도하지 못하고 형식적으로 반복하게 되기 때문이다. 그래서 지금의 지지부진한 기도의 태도를 앞으로도 지속한다면 성령과 동행하는 삶은 꿈도 꿀 수 없다. 그래서 낮에는 하루 종일 쉬지 않고 틈나는 대로 예수피를 외치면서 악한 영과 싸우고, 죄가 인지되면 즉각 죄를 회개하고 예수피의 공로를 의지하며 싸워 이길 수 있는 힘을 달라고 기도해야 한다. 그래서 훈련생들은 예외 없이 낮에는 하나님을 부르는 기도를 하지 않고 오직 예수님이 십자가에 돌아가신 장면을 떠올리며 예수피를 전심으로 외치면서 악한 영들의 공격에 싸우는 기도를 요청하고 있다. 그러자 기다렸다는 듯이, 뜨거운 반응이 여기저기 올라오고 있다. 귀신이 잠복한 사람들에게는 공격이 더욱 드세졌으며 그동안 인지하지 못했던 귀신들의 공격을 확연하게 알게 되어 싸울 수 있었다는 이야기들이다. 그러나 예수피를 외치는 축출기도는 하나님을 부르는 기도의 습관을 들이기 위해 죄를 인지하고 싸우며 죄를 짓게 하는 악한 영의 공격을 무력화시키는 기도일 뿐이다. 그래서 아침과 밤에 하나님을 부르는 기도가 더욱 깊어지고 성령과의 교제가 친밀해지면 다시 예전으로 돌아가서 하루 종일 쉬지 않고 하나님을 부르는 기도를 하기 바란다. 그러나 여전히 낮에도 쉬지 않고 하나님을 부르는 기도가 지지부진하고 성령이 함께하는 증거나 변화, 능력과 열매가 없다면 하루 종일 예수피를 입에 달고 살아야 할 것이다. 예수피의 능력이 당신의 가슴에 새겨지지 않았기 때문에 귀신들의 공격에 속수무책으로 당하고 있다는 증거이기 때문이다.

어떻게 예수피를 외치는 기도를 할 것인가?

예수피가 의미하는 것은 예수 그리스도께서 우리의 죄를 대신하여 십자가의 보혈을 흘려주신 것을 믿고 보혈의 능력과 공로를 의지하여 기도하는 것이다. 우리가 기도의 끝에 예수님의 이름으로 기도하는 것과 마찬가지이다. 예수님의 이름이란 대표성을 가지는 것이다. 그러므로 내가 기도하는 것이 아니라 예수님이 기도하는 것이라는 뜻을 내포하는 내용이다. 이와 마찬가지로 예수피로 싸운다는 것은 내 의지와 능력으로 싸운다는 것이 아니라 하나님이신 예수님이 이미 악한 영과 싸워 이긴 결과를, 믿음으로 받아들여서 보혈의 능력을 의지해서 싸운다는 것을 의미한다. 그러나 이런 사실은 오랫동안 교회의 성경공부 시간에 배워서 잘 알고 있을 것이다. 그러나 머릿속에 저장된 성경 지식과 일상 속의 전투 현장에서 싸우는 것과는 판이하게 다르다. 당신이 이 사실을 잘 알고 있다고 해도 보혈의 능력을 힘입어서 싸우지 않는다면 아무런 소용이 없을 것이다. 그래서 당신이 지금까지 무능하고 무기력한 믿음으로 고단하고 팍팍하게 살아온 이유이다. 그래서 예수피를 외치는 기도를 할 때 어떻게 구체적으로 기도해야 효험이 있는지 조목조목 살펴보기로 하자.

첫째 죄와 싸우고 죄를 부추기는 귀신과 싸울 때는 예수 보혈의 공로를 의지하여 기도하니 "귀신아 나가라."라고 외치며 축출기도를 한다. 거의 대부분의 크리스천들이 귀신의 정체와 공격을 인지하지 못하기 때문에 십자가의 보혈의 명검을 가지고 있어도 써 보지도 못하고 패배하는 것이다. 그러므로 이들의 공격을 알아채는 것이 무엇보다 중요하다. 귀신들은 죄의 덫을 놓고 걸려들게 한다. 그러므로 자신이 지금 짓는 죄가 무엇인지 잘 알아야 한다.

I. 기도를 쉬는 죄

기도를 쉬는 죄는 종이 주인을 찾아오지 않는 가장 큰 죄이다. 성경에서 말하는 가장 일반적인 기도는 자신의 탐욕을 채우는 목록을 나열하는 것이 아니라 하나님을 쉬지 않고 부르며 전심으로 성령의 내주를 간구하는 기도가 으뜸이며, 찬양하고 감사하며 경배하고 회개하며 하나님의 뜻을 간구하는 기도가 다음이다. 그러나 대부분의 우리네 교인들은 이런 기도를 하지 않고 살아간다. 예수님이 말씀하신 가장 큰 계명이 마음을 다하고 목숨을 다하고 뜻을 다하여 하나님을 사랑하는 것이다. 이렇게 하나님을 가장 뜨겁게 사랑한다면 하루 종일 하나님을 떠올리며 하나님의 이름을 부르며 찾는 기도를 해야 할 것이다. 그러므로 이런 기도의 습관을 들이지 않는 사람들이 어떻게 하나님이 들어오셔서 통치하시는 하나님의 나라가 이루어지겠는가? 대신 귀신들이 우글거리고 있을 것이 틀림없다.

2. 하나님을 믿지 않은 죄

기독교인에게 하나님을 믿지 않는 죄를 회개하라고 말한다면 다른 죄는 다 인정하더라도, 자신이 왜 하나님을 믿지 않느냐고 항변할 수 있을 것이다. 하나님을 믿고 있기에 주일성수와 각종 희생적인 신앙 행위를 하지 않느냐고 반문할 것이다. 그러나 그 믿음의 진정성을 인정해 주시는 분은 자신이나 목회자가 아니라 하나님이실 것이다. 하나님이 살아 계시고 자신의 자녀들을 선한 길로 인도해 주시며 좋은 것을 주시는 분이라는 것을 당신이 철석같이 믿고 있다면 왜 염려, 걱정, 불안, 조급함, 두려움, 의심, 좌절, 절망 등의 생각을 받아들이고 살아가는가? 그 이유는 당신은 하나님을 절대적으로 신뢰하고 믿지 않기 때문이다. 하나님을 믿지 않는 것이 바로 불신앙이며 불신앙이 큰 죄라는 것을 굳이 말하지 않더라도 잘 알고 있을 것이다.

3. 이웃을 사랑하지 않는 죄

예수님은 마음을 다하고 목숨을 다하고 뜻을 다해 하나님을 사랑하는 것이 가장 큰 계명이며 그 뒤를 이어 네 이웃을 네 몸처럼 사랑하는 것이 두 번째로 큰 계명이라고 말씀하셨다. 그렇다면 미움, 시기, 질투, 분노, 짜증, 불만, 불평, 원망, 억울함, 서러움, 자기 연민, 싸움, 분열 등의 반복되는 죄에 대해 늘 회개하고 반복되는 죄를 짓지 않기 위해 피 터지게 싸우고 있는가? 아니라면 이웃을 제쳐 두고라도 가까운 가족조차 사랑하지 않는 죄를 밥 먹듯이 짓고 있는 것이다.

4. 탐욕을 숭배하는 죄

탐욕은 과도한 욕심이다. 예수님은 주기도문에서 하루에 필요한 양식만을 구하라고 말씀하셨다. 또한 아무런 걱정과 염려를 하지 말고 오직 하나님의 나라와 의를 구하면, 하나님께서 모든 것을 더해 주신다고 약속하셨다. 그러나 당신은 하루에 필요한 최소한의 생계비인 일용할 양식만을 구하고 얻으면서 살아가고 있는가? 최소한의 생계비는 당신이 원하는 금액이 아니라 절제와 자족의 성품이 밴 상태에서 필요한 생계비이다. 그러나 거의 대부분의 크리스천들은 자신들이 원하는 부를 구하고 있다. 그래서 기도자리에 앉으면 성공과 부를 외치는 목록을 주구장창 반복하고 있다.

탐욕은 맘몬의 영이 넣어 주는 계략이다. 그러므로 당신이 탐욕을 버리지 않고서는 교회에 나온다고 하더라도 하나님의 자녀가 될 리가 없다. 기복신앙과 번영신학으로 오염된 우리네 교회가 바로 맘몬의 영이 지배하는 교회인 셈이다. 이렇게 겉으로는 하나님을 부르면서 속으로는 맘몬의 영을 섬기고 있는 가증스런 죄를 반복하고 있으니 답답하기 짝이 없다.

5. 쾌락을 섬기는 죄

성경에서는 쾌락을 추구하는 삶을 방탕이라는 말로 대신하고 있다. 즉, 방탕은 육체의 쾌락을 즐기는 데 돈과 시간과 에너지를 쏟아부어 소진하는 것을 말한다. 성경은 육체의 생각은 하나님과 원수이며 육체의 소욕을 추구하는 것도 하나님의 원수가 된다고 로마서 8장 7절에 선포하고 있다. 육체의 쾌락을 즐기다가 귀신의 포로가 된 사람들이 바로 중독자들이다. 알코올, 음란, 게임, 도박, 쇼핑 중독은 물론이고 일이나 운동, 취미에도 중독자가 널려 있다. 이들은 죄다 짜릿한 쾌감을 즐기다가 재산과 시간과 에너지를 소진하고 육체와 정신이 황폐해진 상태이다. 특히 이 시대는 소돔과 고모라처럼 음란의 바다에 빠져 있다. 스마트폰으로 쉽게 접할 수 있는 인터넷에 만연하는 음란물 등으로, 초등학생으로부터 노인에 이르기까지 관음과 음란을 즐기고 불륜을 탐닉하고 있다. 우리네 교회에 적지 않은 목회자들조차 성적인 죄에 빠져 있으니 평신도들이야 말할 것도 없다. 이외에도 수많은 죄를 짓고 있으면서 죄를 인지하지 못하거나 설령 알고 있다고 하더라도 회개하고 싸울 생각이 없다. 이렇게 하나님이 싫어하는 죄를 좋아하고 추구하고 있으니 어떻게 성령이 들어오셔서 동행하시겠는가?

위의 죄들이 우리가 가장 짓기 쉬운 죄의 항목이다. 그중에서도 하루 종일 하나님을 쉬지 않고 부르지 않는 죄, 기도하지 않는 죄가 가장 큰 죄이다. 그러므로 자신이 혼자 있을 때, 틈이 나는데도 기도하지 않고 있다면 필시 기도에 집중하지 못하게 하는 귀신들의 공격 때문이다. 이때는 즉시 속사포를 쏘면서 축출기도를 해야 한다. 대부분의 지지부진한 훈련생들이 낮에 무시로 기도하는 것을 잊고 산다. 또한 위에서 열거한 다른 죄들을 깨달을 때도 즉시 축출기도를 해야 한다. 죄를 지으면서 하나님의 임재를 요청하는 것은 어불성설이기 때문이다.

둘째, 죄를 자복하고 회개할 때는 자신의 죄를 조목조목 열거하며 전심으로 회개하면서 예수보혈의 공로를 의지해서 죄를 용서해 달라는 기도를 한다. 예수피를 외치는 기도는 죄와 싸우고 죄를 부추기는 귀신과 싸우는 기도지만 이미 지은 죄가 있다면 예수님의 보혈의 공로를 의지해서 회개하는 기도를 해야 한다. 예수피를 하루 종일 입에 달고 살면 예전에 생각나지 않았던 죄가 떠오르는 일이 허다할 것이다. 그때는 즉시 사라질 때까지 회개하는 기도를 해야 한다. 한 번 회개했다고 끝난 게 아니다. 다시 그 죄가 반복해서 생각날 때는 또 다시 회개하는 기도를 해야 한다. 그래서 머릿속에서 생각나지 않을 때까지 전심으로 해야 한다. 이때 주의해야 할 것은 형식적으로 입만 달싹거려서는 안 된다는 것이다. 진정성을 보이며 전심으로 회개해야 할 것이다. 그리고 이미 회개기도를 했는데 다시 하는 것은 믿음이 없다는 생각은 악한 영이 넣어 주는 생각임을 인지해야 한다. 진심으로 회개하였는지의 여부는 하나님이 인정해 주셔야 한다. 그러므로 죄가 생각이 나지 않을 때까지 기도하여야 할 것이다.

셋째, 자신을 불쌍히 여겨 달라고 간구할 때는 예수 그리스도의 보혈을 의지하여 기도하니 자신이 무지와 무능을 불쌍히 여겨 달라고 전심으로 간구하며 기도한다. 우리가 아무리 희생적으로 하나님께 기도하더라도 우리의 노력과 의지와 힘으로는 하나님이 원하시는 믿음과 사랑과 의의 삶을 살 수 없는 것은 당연한 일이다. 왜냐면 우리는 아무것도 할 수 없는 먼지이기 때문이다. 그러므로 은근히 그동안 해 왔던 자신의 희생적인 신앙 행위와 기도 행위를 의지하는 생각이 있다면 바리새인과 서기관과 다를 바 없는 운명에 처할 것이 분명하다.

예수님께서 누가복음에 소개한 무익한 종처럼, 재물과 시간과 열정을 다 바쳐서 희생적인 신앙 행위를 하였을지라도 나는 무익한 종이며 당연히 해야 할 일을 한 것이라는 자세를 잃지 않아야 한다. 그러면서 자신의 부족과 연약함을 불쌍히 여겨 달라는 간구를 끊임없이 해야 할 것이다. 하나님은 통회하는 심정을 기쁘게 여기시고 상한 심령과 가난한 마음을 흔쾌히 받아 주신다. 그러나 교만하고 오만하고 자만하는 마음은 귀신이 넣어 주는 생각이다. 그렇기에 항상 자신을 버리지 마시고 불쌍히 여겨 달라는 간구를 쉬지 말아야 할 것이다.

이처럼 예수피를 외치는 기도를 할 때는 위의 3가지 경우를 떠올리며 구체적으로 기도해야 한다. 예수피는 기독교의 신에게 하는 특정한 주문이 아니라 예수님이 십자가에서 흘리신 보혈의 공로로 인해 우리의 죄가 용서함을 받았으며 죄와 싸워 이길 수 있는 능력을 공급 받는 것이다. 그러므로 성령이 우리 안에 들어오셔서 보혈의 능력을 가슴에 새겨 주실 때까지 위의 3가지 경우를 머릿속에 저장하여 쉬지 않고 외쳐야 할 것이다.

악한 영과 싸우는 비결

I. 삶의 가지치기를 철저하게 하라

아시다시피, 미혹의 영은 생각을 통해 공격하는 놈들이다. 그러므로 이 놈들의 공격을 잘 막아 내야 싸워 이길 수 있는 발판이 만들어진다. 그렇다면 생각이 들어올 통로를 막는 것이 아주 중요한 전략이다. 한정식 주방장은 가짓수가 많은 요리를 해야 하지만, 단품 요리를 하는 식당의 주방장은 한 가지 요리만 잘하면 된다. 그렇다면 누구의 머리가 복잡하겠는가? 당연히 한정식 주방장이다. 당신이 하는 일이 많다면 고민하고 신경 써야 할 일이 많다는 것을 의미한다. 직장과 가정 일을 병행하며 어린 자녀를 양육하면서 취미 생활도 여러 개 하는 주부는, 자녀를 다 키워 놓은 전업주부에 비해 생각이 많을 수밖에 없다. 그러므로 미혹의 영이 공격할 통로를 막는 것이 잘 싸우는 것보다 훨씬 중요하다.

미혹의 영이 공격할 통로를 막는 것은 우선 하는 일의 가짓수를 줄이는 것이다. 그렇다면 줄여도 큰 손해가 없는 것부터 줄여 나갈 것이다. TV나 영화, 동호회 활동이나 취미 생활, 이웃이나 친구들과의 만남 등은 가지치기를 해야 하는 종목의 필수 사항이다. 가정생활에서도 가지치기를 철저하게 해라. 청소도 최소한으로 하고 요리도 가급적이면 간단하게 먹어라. 돈 버는 일도 마찬가지이다. 회사원이라면 성실하게 일하는 것은 당연하지만 그 이외는 가지치기를 해서 집과 회사를 단순하게 오가면 된다. 부모, 형제, 친구와의 교제도 피할 수 없는 것을 제외하고는 가지치기를 해야 한다. 그래서 최소한의 생계비를 버는 일과 가정생활을 제외하고는 오직 기도하는 일에 집중할 수 있어야 한다. 말하자면 선택과 집중을 확실히 해야 한다는 것이다. 그래서 미혹의 영이 생각으로 공격할 수 있는 통로를 철저하게 줄이는 것이 이놈들과 잘 싸우는 비결이다.

2. 욕심을 버려라

욕심을 버리는 것이 미혹의 영과 잘 싸우는 두 번째 비결이다. 거의 모든 세상 사람들은 돈 욕심이 많다. 예수를 믿고 교회에 나온 사람들도 다르지 않다. 그러나 돈 욕심이 있는 사람은 미혹의 영과의 전쟁에서 절대로 이길 수가 없다. 부자가 되는 세상의 가르침은 돈 버는 일에 모든 것을 바쳐야 하는 것을 요구한다. 이는 하나님보다 돈을 더 사랑하는 우상을 섬기는 행위이다. 예수님은 '무엇을 먹을까, 무엇을 마실까.' 걱정하지 말라고 했으며 돈과 하나님을 겸하여 섬길 수 없다고 잘라 말씀하셨다. 그러나 미혹의 영은 부자가 되면 육체의 쾌락을 만족시킬 수 있으며 사람들로부터 존경과 사랑을 듬뿍 받게 될 것이라고 속삭이고 있다. 그래서 미혹의 영의 속삭임을 듣는 사람들은 하나님을 만나는 일에 소홀히 할 수밖에 없다. 하나님은 세상 재물의 주인이시며 자신의 자녀에게 필요한 재물을 넉넉하게 채워 주시는 분이시다. 이를 믿음으로 받아들이는 사람만이 미혹의 영이 넣어 주는 생각을 거절할 수 있다. 또한 육체의 쾌락을 만족시키는 것도 방탕을 추구하는 육체의 욕심이다. 쾌락의 덫에 빠진 사람들이 바로 중독자이다. 알코올 중독, 게임 중독, 포르노 중독, 도박 중독, 쇼핑 중독, 운동 중독, 일 중독에 이르기까지 모든 중독들은 육체의 쾌락을 좇다가 덫에 걸린 모습이다. 그러므로 쾌락을 추구하는 욕심을 버려야 한다. 미혹의 영은 끊임없이 육체가 끌리는 유혹을 던져 주고 있다. 그러므로 이 미끼를 덥석 무는 사람은 미혹의 영을 절대로 이길 수 없다.

3. 자신의 생각을 믿지 말고 분별하라

성경은 미혹의 영이 사람의 머리를 타고 앉아 자신의 생각을 넣어 주어 속이는 공격을 하고 있다고 밝히고 있다. 예수님의 열두 제자들도 속수무책으로 당했다는 것을 잊지 마시라. 이놈들은 당신이 좋아하고 신뢰하는 생각을 넣어 속이고 있다. 예수님은 이놈들이 넣는 생각을 분별할 것을 요구하고 계시다. 그러므로 당신의 머릿속에 떠오르는 생각을 분별하는 버릇을 길러야 한다. 하루에도 수백 번 이상의 생각이 떠오르고 사라져 갈 것이다. 그때 이 생각들이 하나님의 뜻인지, 육체가 선호하는 생각인지를 분별해야 한다. 그러나 태어날 때부터 머리에 떠오른 생각이 자신의 생각이라는 것을 의심하지 않고 살아왔기 때문에 자신의 생각을 분별하는 것은 실로 어려운 일이 아닐 수 없다. 특히 자신이 바라고 좋아하고 신뢰하는 생각이라면 의심할 수 없다. 우리는 어릴 적부터 이성적이고 합리적이고 과학적으로 증명된 생각 그리고 인본적인 생각을 옳은 생각으로 배워 왔기에 이런 생각들을 버리고 성경에 기록된 하나님의 뜻을 받아들이는 것이 무척이나 어렵다. 그러므로 모든 생각을 분별하고 하나님의 뜻이 아닌 생각들은 죄다 쳐서 버리는 습관을 들여야 한다.

4. 일상의 삶에서 쉬지 않고 하나님을 부르는 습관을 들이라

미혹의 영이 넣어 주는 생각이 들어오는 통로를 가지치기하고 자신의 생각을 분별하여 미혹의 영이 넣어 주는 생각인지 분별하더라도 우리의 지식이나 지혜, 힘이나 의지로는 미혹의 영과 싸워 이길 능력이 없다. 그래서 성령이 당신 안에 들어오셔서 미혹의 영의 공격을 인지하고 쫓아내어 주셔야 승리할 수 있다. 성령이 당신 안에 들어오는 유일한 비결은 쉬지 않고 전심으로 하나님을 부르는 기도의 습관을 들이는 것이다. 하나님을 부르는 기도를 시작하면 미혹의 영의 집요한 방해 공작이 시작된다. 그러나 이 역시 생각을 통해 들어오는 것이 아닌가? 그러므로 아침과 밤에 정해진 시간은 물론이고 낮에 일상의 삶에서도 혼자 있는 시간이 되면 기계적으로 하나님을 부르는 습관을 들여야 한다. 적어도 하나님을 부르는 시간에는 미혹의 영이 공격할 수가 없으며 성령께서 들어오셔서 내주하신다면 이놈들을 쫓아내는 능력을 주시기 때문이다. 위의 4가지 방식이 미혹의 영과 잘 싸우는 비결이다. 그러므로 이 사항을 가슴에 새기고 삶의 현장에서 적용하여, 미혹의 영과 잘 싸워 이기는 일당백의 정예 용사가 되시기를 바란다.

평안하고 형통하게 사는 삶의 방식

이제 이 세상에 대한 심판이 이르렀으니 이 **세상의 임금이** 쫓겨나리라 (요 12:31)

우리의 씨름은 혈과 육을 상대하는 것이 아니요 **통치자들과 권세들과 이 어둠의 세상 주관자들과** 하늘에 있는 악의 영들을 상대함이라 (엡 6:12)

그때에 너희는 그 가운데서 행하여 이 세상 풍조를 따르고 **공중의 권세 잡은 자를 따랐으니** 곧 지금 불순종의 아들들 가운데서 역사하는 영이라 (엡 2:2)

성경에서는 악한 영들이 세상을 지배하고 통치하고 있는 세상의 임금(헬라어 원어는 '아르콘(ἀρχός)'으로 통치자라는 의미)이라고 선포하고 있다.

그들의 별명은 통치자, 권세 혹은 세상 주관자, 공중(세상이란 뜻의 헬라어 직역)권세를 잡은 자라고 반복하여 말하고 있다는 것에 주목하라. 그렇다면 당신이 세상에 살고 있는 이상은 이들의 권세 아래에 있다는 말이 아닌가? 그러나 이 사실을 인정하는 크리스천은 없을 것이다. 자신들은 이미 예수를 믿고 하나님의 백성이 되었으니 이들과 아무런 상관이 없다고 씩씩하게 말할 것이다. 정말 그런가? 그러나 당신이 말하는 것을 삶의 현장에서 증명하지 못한다면 말장난에 불과할 것이다. 하나님은 당신의 백성을 다스리지만 귀신들은 자신의 포로들을 통치한다. 귀신들의 포로는 다름 아닌 죄인들이다. 그래서 사탄의 다른 이름이 시험하는 자이며 이들은 죄의 덫을 놓고 시험에 들게 하고, 죄에 걸려 넘어지게 만들어서 죄인으로 만든다. 그러나 당신은 예수를 믿음으로 예수 그리스도의 보혈의 공로로 말미암아 죄에서 해방되어 하나님의 백성이 되었다고 힘주어 말할 것이다. 물론 맞는 말이다. 그러나 문제는 당신이 여전히 죄를 밥 먹듯이 짓고 있다면 여전히 죄의 종으로 살고 있는 셈이다.

죄를 짓는 자마다 불법을 행하나니 죄는 불법이라 (요일 3:4)

너희 자신을 종으로 내주어 누구에게 순종하든지 그 순종함을 받는 자의 종이 되는 줄을 너희가 알지 못하느냐 혹은 죄의 종으로 사망에 이르고 혹은 순종의 종으로 의에 이르느니라 (롬 6:16)

그렇다면 당신이 인지하지 못하는 죄가 무엇인지 살펴보자.

전에는 우리도 다 그 가운데서 우리 육체의 욕심을 따라 지내며 육체와 마음의 원하는 것을 하여 다른 이들과 같이 본질상 진노의 자녀이었더니 (엡 2:3)

육신의 생각은 하나님과 원수가 되나니 이는 하나님의 법에 굴복하지 아니할 뿐 아니라 할 수도 없음이라 (롬 8:7)

대부분의 크리스천들이 깨닫지도 못하고 인정하기도 싫겠지만, 이들의 죄는 육체와 마음이 원하는 대로 사는 것이다. 육체의 생각은 하나님과 원수가 되는 사탄의 앞잡이가 되기 때문이다. 그렇다면 성령의 사람을 제외한 모든 사람들은 이미 귀신이 안에 들어가서 조종하는 포로로 살고 있다는 것이 아닌가? 그렇다. 그래서 세상 사람들은 물론 크리스천조차도 귀신의 포로로 잡혀 악한 영들의 조종을 받아 살고 있다. 그래서 귀신의 조종을 받는 사람들의 영향 아래에 있다면 당신의 인생은 귀신에게 고통을 당하며 불행하게 살 수밖에 없을 것이다.

I. 직장과 자영업

직장과 자영업은 당신이 수입을 얻는 주요한 통로일 것이다. 그렇다면 어떤 직장을 구해야 형통할 것인가? 인사권이 사람에게 있는 직장을 피해야 한다. 대기업을 포함해서 중소기업들은 죄다 경영자나 소유자가 사람이다. 성령과 동행하는 사람이 아닌 대부분의 사람들은 그 안에 미혹의 영이 잠복하고 조종하는 이들이라고 보아야 한다. 그러므로 될 수 있으면 이런 직장을 피하시라. 공무원이 되거나 공기업, 직업 군인이 되는 게 좋다. 이런 신분이나 직업은 인사권이 정부에 있기 때문에 개인들에게 놀아나지 않는다. 이런 직장이 아니더라도 소수의 사람들이 좌지우지하는 직장에 들어가면 안 된다. 특히 월급을 많이 주는 기업은 기업 총수의 갑질이 엄청날 것이다. 자영업을 한다면 일반 사람들을 상대로 하는 분야를 피해야 한다. 아니라면 진입장벽이 높은 자격증을 바탕으로 하는 자영업이다. 변호사, 의사, 회계사 등이 아니더라도 국가자격증이 있다면 개인들에게 좌지우지되기 어렵다.

2. 결혼, 배우자

결혼을 해서 행복한 이들은 진짜 드물다. 그러므로 결혼을 한다면 귀신들의 지배를 받지 않는 사람과 결혼해야 한다. 아니라면 독신으로 사는 게 행복할 것이다. 귀신들이 지배하지 않는 사람들은 성령과 동행하는 사람일 것이다. 그러나 크리스천이라도 성령과 동행하는 사람들은 눈 씻고 찾아보기 힘들다. 이미 결혼을 했다면 배우자와 성령이 내주하는 기도훈련을 해서 귀신들이 공격하지 못하도록 해야 할 것이다.

3. 부모와 자녀

우리네 가족은 부모와 자녀 사이가 끈끈하기로 유명하다. 그러므로 자녀들이 귀신이 지배하는 포로라면 부모 역시 인생극장을 열었다고 해도 과언이 아니다. 자녀들이 성인이 되어 귀신의 조종을 받는 처지라면 인연을 끊어야 더 이상 공격을 받지 않을 것이다. 거꾸로 귀신이 지배하는 부모가 자녀에게 지나치게 간섭하고 자녀의 삶을 통제하려 든다면 자녀의 인생 역시 인생극장을 열게 될 것이다. 이런 경우에는 부모와 자녀들을 성령이 내주하는 기도훈련을 해서 성령의 사람이 되게 해야 하며 그렇지 않다면 적당한 거리를 유지하면서 가족을 앞세워 공격하는 귀신들의 계략을 피하도록 해야 한다.

4. 건강

귀신들은 죄를 짓게 하여 죄인이 되면 몸에 잠복하여 정신질환과 고질병을 일으키며 뇌를 장악하고 조종하는 것이 기본적인 공격 유형이다. 그러므로 정신질환과 고질병에 걸리면 평생 벌어 놓은 돈을 탕진하며 고통스럽게 살다가 이 땅을 떠나가야 할 것이다. 그러므로 귀신들이 일으키는 고질병을 피하지 않으면 형통하고 행복한 삶은 물 건너갔다고 보아야 한다. 다른 공격들은 죄다 타인을 통해 공격하여 적당한 거리를 두고 피하거나 도망치면 되지만 직접 몸에 들어와서 잠복하여 정신질환과 고질병을 일으키는 공격은 피할 수도 도망칠 수도 없다. 그러므로 누구나 귀신들이 유혹하는 죄를 피하고 죄와 피 터지게 싸우며 연약하여 죄에 넘어졌다면 즉시 통렬하게 회개하여 죄를 씻어 내야 할 것이다.

이외에도 귀신들은 각종 불행한 사건 사고를 일으켜서 고통을 주어 생명과 영혼을 사냥한다. 특히 귀신들은 사람들에게 잠복하여 조종하여 공격한다는 사실을 잊지 마시라. 가정은 물론 직장이나 단체, 교회나 정부, 국가에 이르기까지 사람들이 서로 미워하고 싸워 분열되는 이유이다. 그러므로 많은 사람들을 만나거나 사귀는 것을 조심하고 동호회에 가입하거나 성령과 상관없는 교인조차도 삼가고 TV, 인터넷, 언론, 취미 등 귀신이 생각을 통해 공격하는 통로를 최대한 가지치기해서 줄여야 한다. 결론적으로 형통하고 행복하게 살려면 성령이 내주하는 기도의 습관을 들여 십자가의 보혈의 능력을 가슴에 새겨서 귀신들의 공격을 미리 차단하고, 피치 못할 경우는 피 터지게 싸워 이기는 자가 되어야 할 것이다.

글을 마치며

벌써 7~8년이 되어 가는 오래전의 일이다. 그날 밤도 다른 날과 다르지 않게 하나님을 부르는 기도를 하며 고단한 하루를 마감하고 있었다. 두어 시간의 저녁기도를 마치고 자정이 되면 기도처와 예배당으로 삼고 있던 원룸에서, 아내와 함께 자동차로 10분 거리인 집으로 돌아가곤 했었다. 내가 먼저 기도를 마치고 나란히 옆에 붙어서 앉아 있던 아내가 기도를 마칠 것을 기다리고 있었다. 그때 아내가 원판에 앉아서 도는 것처럼 관절을 움직이지 않고 천천히 내게로 돌아앉았다. 눈이 휘둥그레질 정도로 기이한 광경이었다. 그것도 잠시 아내의 입에서 여성스런 아내의 목소리가 아닌 중성의 목소리가 조용하고 천천히 들려오기 시작했다. 그런 일이 있고 나서 날마다 영음이 들렸다. 입을 통해 음성으로 전달하는 경우도 있었지만 대부분은 어떤 생각이 머릿속으로 휙 하고 들어오는 영음이었다. 영음의 주인공이 성령일까 귀신일까 아니면 내 생각일까 알 수 없어서 그때부터 수첩에 적어 두기 시작했다. 그 내용은 앞으로 필자가 해야 할 사역과 기도와 신앙 그리고 악한 영의 정체와 활동에 대한 내용이었다. 그리고 어느 정도 시간이 지나자 정신병에 걸린 사람들을 만나게 해 주시고 귀신을 쫓아내면서 귀신들의 실체를 알게 하는 훈련이 약 3년간 계속되었다.

그동안 영음으로 들었거나 혹은 꿈이나 환상으로 본 것은 현실세계와는 무관하게 보였지만 귀신을 쫓아내면서 귀신들의 실체가 드러나면서 그들의 정체를 알게 되는 것은 엄연한 현실이었다. 3년간의 훈련기간이 지나자 성령께서는 필자 부부를 충주에 보내셨고 기도의 일꾼을 세우고 악한 영과 싸우는 정예 용사를 양육하라는 명령과 함께 영성학교를 열게 해 주셔서 충주의 한적한 시골에서 이 사역을 한 지 5년여가 흘렀다. 지금까지 수백 명의 귀신이 들려서 정신질환이나 고질병을 앓는 사람에게서 귀신을 쫓아 내며 질병을 치유하는 것을 두 눈으로 확인하고 영성학교에 매주 찾아오는 사람들로 150여 명이 넘는 공동체를 이루고 있다.

10년이 가까운 세월 동안 필자가 겪은 영적 세계와 성령과 귀신 등의 영적 존재에 대한 기막힌 경험들은 아무리 말해 주어도 믿기 어려운 것들이다. 성령 하나님뿐 아니라 귀신들도 사람의 입을 통해 음성으로 말을 하거나 영음으로 말하는 능력이 탁월하다. 또한 귀신들은 하나님 수준에는 한참 못 미치지만, 놀라운 영적 능력으로 병을 치유하며 갖가지 신기한 현상을 보여 주며 성령인 것처럼 속이기도 한다.

필자가 여러 번 말한 성령의 은사인 예언, 방언, 방언 통역, 축사, 치유는 말할 것도 없이 성경에 언급이 없는 방언 찬송, 성령 춤, 금가루가 얼굴과 손바닥에 떨어지고 전율하며 기이한 웃음을 절제하지 못하고 무기력하게 하며 정신을 잃게 만들기도 한다. 그러나 그게 전부가 아니다. 귀신들이 속이는 능력은 상상을 초월한다. 자신을 믿는 사람들에게 과거사를 알게 해 주며 사람의 마음을 부추겨서 마음대로 조종하는 탁월한 영적 능력을 가지고 있다. 점치는 무당들이 처음 보는 사람들의 과거사를 훤하게 꿰뚫고 있으며 미래에 일어날 일의 70~80%를 맞추는 등의 놀라운 일로 사람들을 두려워 떨게 하며 자신의 명령에 복종하게 만든다. 귀신들이 자신을 하나님으로 속이는 데 천재와 같은 능력이 있다는 것은 두려운 일이지만 이러한 귀신들의 속임수를 사람들에게 아무리 말해 주어도 믿지 못한다는 것이 필자가 마주한 절망스러운 현실이다.

대부분의 교회 목사들과 교인들이 귀신들의 지배를 받고 있다고 말하면, 누가 믿을 것인가? 그러나 그것이 사실이다. 대부분의 우리네 교회지도자들과 교인들의 머리를 귀신들이 점령하고 그들의 생각을 넣어 속이고 있다. 그래서 자신들에게 성령이 함께하시는 성령의 증거와 변화, 능력과 열매가 없는데도 자신 안에 성령이 계시다는 생각을 의심하지 않는다. 성경에서 예수님이 무어라고 말했다고 할지라도 그건 유대인들에게 혹은 초대교회 교인들에게 한 말이지 자신에게 한 말이 아닐 거라고 확인해 보려고 하지도 않는다.

예수님은 겨자씨만 한 작은 믿음이라도 기적이 일어날 것이라고 말씀하셨지만 자신에게 이런 기적이 일어나지 않는데도 믿음이 없다고 생각하지 않는다. 또한 믿음의 표적이 귀신을 쫓아내고 질병을 고치는 능력이라고 말씀하셨지만 자신에게 이런 표적이 없어도 믿음이 없다고 믿지 않는다. 그리고는 다른 성경구절을 들이밀며 문제를 회피하고 말씀을 교묘하게 비틀어 변질시키고 변명을 하고 자기합리화를 한다. 현대 교회에 하나님의 놀라운 능력을 드러내는 성령의 사람이 보이지 않는데도 아무도 자신의 신앙을 의심하지 않는다. 이러한 현실이 바로 우리네 교회지도자와 교인들이 미혹의 영인 귀신들에게 속아 넘어갔다는 증거이다.

어떤 얘기를 해도 많은 사람들이 믿지 않으리라는 것도 잘 알고 있다. 그동안 필자는 미혹의 영이 가진 탁월한 능력을 수도 없이 경험해 보았기 때문이다. 가장 가슴 아픈 사실은 믿지 않는 대부분의 사람들이 하나님을 잘 믿고 있다는 상당수의 크리스천들이라는 것이다. 이들이 그동안 하나님을 위해 해 온 수많은 희생적인 신앙 행위들은 눈물겨울 정도이다. 그러나 그들이 미혹의 영에게 속아서 아무런 성령의 능력도 없으며 악한 영과 하나님을 분별하지 못해 속고 있다는 것이 가슴 아플 뿐이다. 그들은 자신들이 이 땅에서 수고하고 희생한 대가로 천국에 들어가면 엄청난 상급을 기대하면서 천국 백성이 될 것임을 철석같이 믿고 있을 것이다. 성경에 어떤 이야기들이 있더라도 자신이 원하는 것만 받아들이고 선별하여 취하고 있다. 삯꾼 목사들은 교인들이 좋아하는 덕담과 위로, 축복과 격려 등의 귀를 간질이는 말만 하고 있다. 그래서 교회의 설교에 죄, 예수님의 보혈, 회개, 천국, 지옥 같은 메시지가 들리지 않는다. 말하자면 교인들이 미혹의 영에 속아 넘어간 목사들에게 철저하게 세뇌당하고 있다는 것이다. 그래서 하나님을 만나는 기도의 습관을 들이지 않아도 성령이 계시다고 믿고 있으며 날마다 죄를 회개하고 죄와 싸우지 않아도 천국에 들어갈 수 있다고 믿고 있다.

대부분의 교인들이 교회를 열심히 다니고 신앙생활을 열정적으로 해도 건조하고 냉랭한 영혼으로 고단하고 팍팍하게 살고 있다. 그들은 그동안 받은 은혜와 기도응답 그리고 자신들이 믿고 있다는 생각, 그동안 해 온 희생적인 신앙 행위를 근거로 천국을 자신하고 있다. 그러나 모세의 인도로 애굽을 탈출한 이스라엘 백성보다 더 많은 은혜와 기적을 체험한 사람이 누가 있는가? 그들이 죄다 광야에서 죽어 지옥에 던져진 사실을 간과하지 말라. 또한 바리새인과 서기관보다 더 희생적인 신앙 행위를 한 사람들이 현대 교회에 누가 있는가? 그들은 성경을 통째로 외워서 백성에게 가르쳤으며 600여 가지가 넘는 율법의 조항들을 철저하게 지켰다. 그 율법들은 시내산에서 하나님께서 직접 모세에게 말씀해 주신 것들이었다. 그러나 예수님을 그들을 향해 독사의 새끼라고 저주하였다는 것을 잊지 마시라. 그러나 우리네 교인들은 성경에도 없는 영접기도 행위와 주일성수를 구원의 척도로 믿고 있으니 실로 기이한 일이다. 이 시대의 우리네 교회지도자와 교인들이 미혹의 영에게 속아서 생명과 영혼이 살육당하고 있지만 아무도 이 사실을 깨닫지 못하고 교회에 모여 먹고 마시고 희희낙락하고 있는 사실이 기가 막히고 가슴이 미어져서 이 책을 쓰게 되었다.

이 책을 통해 영적 전쟁을 실감하며 영적 잠에서 깨어나 성령과 동행하는 영적 습관을 들여 영혼 구원 사역의 도구로 쓰이는 정예 용사가 되길 바란다. 그래서 하나님의 마음을 시원하게 하는 종으로 쓰임을 받다가 천국에서 영원히 기쁘고 즐겁게 살기를 바라 마지않는다.

영적 전쟁의 전투 교범

ⓒ 신상래, 2020

초판 1쇄 발행 2020년 1월 30일
　　 2쇄 발행 2022년 8월 24일

지은이	신상래
펴낸이	이기봉
편집	좋은땅 편집팀
펴낸곳	도서출판 좋은땅
주소	서울특별시 마포구 양화로12길 26 지월드빌딩 (서교동 395-7)
전화	02)374-8616~7
팩스	02)374-8614
이메일	gworldbook@naver.com
홈페이지	www.g-world.co.kr

ISBN 979-11-6536-082-5 (03210)